仏教は宇宙をどう見たか

アビダルマ仏教の科学的世界観

佐々木閑

DOJIN文庫

まえがき

仏教という宗教は、およそ二五〇〇年前、インドでシャカムニ（お釈迦様）がおつくりになった。その目的は、老いや病や死といった人生の避けがたい苦しみの中でもがく人々を救済することであった。やってくる多くの人々に向かってシャカムニは、「苦しみの原因」を説き、「苦しみを消し去るための道」を説いた。その教えに感じ入った人たちは出家してシャカムニの弟子になったり、あるいは在家の信者としてシャカムニの僧団をサポートした。そういったシャカムニを慕う人たちの活動が、仏教という宗教を形成していったのである。

シャカムニは、その時々、悩みを抱えてやってくる人々に個別に教えを説いたので、その内容はすべて断片的である。断片的な教えが山のように積み上がって、それが「シャカムニの説法」つまり「お経」として信者たちの大切な聖典となった。それは現在、『阿含経《あごんぎょう》』とか「ニカーヤ」という名で呼ばれていて、そこには五〇〇〇本以上の断片的な教えが入っている。歴史的に言えば、その五〇〇〇本以上の教えのほとんどは、のちの世の人たちの手によって創作された「編集物」であって、シャカムニの言葉をそのままに伝えているわけではない。しかしたとえそうであっても、そこに仏教本来のものの考え方、世界のとらえ方が現れていることは間違いない。

このようなわけで、仏教の教えというものは、もともとが細かい断片の集合体であった。「これを読めばシャカムニの考えておられたことがすべてわかる」という、まとまった教科書などどこにもなかったのである。それから四〇〇〜五〇〇年間、師亡きあとの弟子たちは、断片的な『阿含経』（ニカーヤ）の言葉を頼りとしながら修行の日々を送っていた。

しかしやがて、「教えを体系化して一本にまとめたい」という思いが仏教世界の中で湧き上がってくる。おそらくそこには、仏教の多様化によって起こってくる「教義摩擦」が影響していたものと思われる。もともと一つであった仏教という宗教も、時代の中で次第に分岐し多様化し、様々な教えの食い違いが現れてくる。そしてそれが、正統性をめぐる論争へと発展し、論争に勝つための基盤として「一本化された体系」が必要とされたのである。

こうして断片的な『阿含経』（ニカーヤ）をベースとする体系的仏教書がつくられるようになった。そういった本のジャンルを「アビダルマ」という。アビダルマは、今から二〇〇〇年くらい前に制作が開始され、その後およそ五〇〇年間、つくられ続けた。内容は、『阿含経』（ニカーヤ）をベースとして、シャカムニ時代のオリジナルの仏教を体系化したものである。新たな仏教運動としてののちの時代に現れた大乗仏教の教えは含まない。この点、「大乗仏教の影響を受けずに、おおもとの仏教を体系化した唯一の仏教哲学」として、その存在は貴重である。

アビダルマの本は当時の仏教世界全域で恒常的に作成されたわけではない。特定の、哲学的思考を重視したグループだけがアビダルマをつくった。おそらく「そんな理屈っぽいことを考えている暇があったら修行しろ」といってアビダルマに見向きもしなかったグループもたくさんあったに違いない。したがって、現在残っているアビダルマの本の出所は、二つの地域に偏っている。一つはスリランカを起点として東南アジア諸国にまで広がる「パーリ仏教」の世界。鉢を持ち、黄色い衣を着て修行している、あのお坊さんたちの世界である。そこには多数のアビダルマが伝わっていて、お坊さんたちの必修科目として今も読まれている（現地ではアビダンマと呼ばれている）。もう一つの中心地はヒマラヤの近く、インドとパキスタンの国境地帯にあるカシミール、ガンダーラと呼ばれる地方である。ここには二〇〇〇年以上前から「説一切有部《せついっさいうぶ》」という名のグループがいて、大いにアビダルマを発展させた。しかしその説一切有部は、インドにおける仏教崩壊とともに消滅し、今は存在しない。書かれたアビダルマの本だけが残っている。

南方諸国のアビダンマと説一切有部のアビダルマを比べてみると、多くの共通点が見られる。どちらも『阿含経』(ニカーヤ)という同じ経典をベースにしているのだから当然のことである。しかし違いも大きい。時間・空間のとらえ方や、心の有り様など、重要な問題について、両者は大きく異なる考え方をする。

この二系統のアビダルマのうち、日本に影響を与えたのは言うまでもなく説一切有部のアビダルマである。カシミール、ガンダーラからシルクロードを通って中国に伝わり、そして日本にも入ってきた。日本の仏教の基礎には、説一切有部のアビダルマがある。それを受け入れるにせよ、否定するにせよ、ともかく説一切有部のアビダルマをどう見るかによって、それぞれの仏教宗派の色合いが決まっているのである。

この本では、そういう説一切有部のアビダルマの中で、最も完成された形の本を一冊取り上げ、そこに描かれている世界像を紹介する。本の名前は『アビダルマコーシャ』という。「アビダルマの倉」という意味である。日本では古来『倶舎論《くしゃろん》』と呼ばれ、大切に扱われてきた。「倶舎」というのは「コーシャ」というインド語の音写である。

説一切有部のアビダルマ全体を見渡せば、そこには様々な種類の本が何本も存在していて、状況は複雑である。五〇〇年もかけて発達した哲学体系であるから、思想の時代的な変遷もあるし、資料間の矛盾も多い。それを細かく調査するのは仏教学の本道であるが、本書の目的ではない。そこで今回は、そのたくさんある説一切有部の本の中から、スタイルが一番整っていて、日本仏教にも一番強い影響を与えた『アビダルマコーシャ』を取り上げ、それだけに焦点を絞って紹介していくことにしたのである。詳細な資料情報や説一切有部の歴史などに関しては、末尾の「文献案内」に挙げた専門書を見ていただくことにして、この本ではとにかく、『アビダルマコーシャ』が語る「現代科学に通じるようでいて、現代科学とは全く異なる概念で形成された」、興味深くも奇妙な世界像を提示することに全力を注ぐ。読み終わって「疲れたけれど面白かった」と言っていただけるなら、なによりの幸いである。

深く険しいアビダルマの世界に、一般登山者向けの道しるべを立てようというのが本書の目的だが、単独作業ではミスもでる。原稿作成段階までは一人でやってきたが、最終的には、だれか頼りになる先達に全体をチェックしてもらわねばならないと思っていた。仏教学に足を踏み入れて三五年。その間変わらず私を叱咤し続けてくださっている先輩にして、阿含・アビダルマ研究の先端を行く見識すぐれた仏教学者である、佛教大学教授の本庄良文氏しか頼む人はいないと決めて、無理を押してお願いした。本文第一章から終章までの原稿をお渡しして、問題点の指摘をお願いしたのである。

その結果、勘違い、覚え間違いなど、訂正すべき多くの点をご指摘いただいた。赤面の極み。「本庄さんにはかなわない」とあらためて感服した。お忙しい中での無理なお願いを快く引き受けてくださった本庄良文氏に心より感謝申し上げます。余りの忙しさで、「行き帰りの電車の中しかチェックする時間がなかった」というお言葉、まことにかたじけなく、そして、もしまだ間違いがあったとしてもそれは言うまでもなく、偏《ひとえ》に私の不勉強のせいであることを申し添えて、感謝の意を表します。

最後に、本書の出版を支えてくださった化学同人の津留貴彰氏に心からの感謝の意を表したい。津留さんは、企画段階で何度も私と協議を重ね、方向性を定め、その後は筆の進まない私を励ましながらじっと何年も待っていてくださった。こうしてその御苦労に報いることができて、大きな肩の荷をようやく下ろした気分である。化学同人の一冊として仏教哲学の本を出版するといういささか無謀な企画も、津留さんのご支援があればこそ。優しいお顔でいつも励ましてくださった津留貴彰氏の温情に心より感謝申し上げます。

●付記

本書では『アビダルマコーシャ』(『倶舎論』)の内容を紹介するので、頻繁に「『倶舎論』では」「『倶舎論』によると」という言い方を用いる。しかしその根底には、『アビダルマコーシャ』が書かれる以前の説一切有部の哲学が存在していることをご承知おき願いたい。「『倶舎論』では」と言った場合、それは実際には「『倶舎論』という本を生み出すに至った、説一切有部の哲学によれば」という意味である。決して『アビダルマコーシャ』が単独で独自にその思想、アイデアを生み出した、という意味ではない。この点、くれぐれもご留意くださるようお願いする。

目次

序章

『倶舎論』への誘い

『倶舎論』の目的は、仏道修行者に正しい悟りへの道を指し示すことである。「自分で修行して自分で悟る」というのが基本方針。大乗仏教のように、なにか人智を越えた神秘のパワーを想定することがないから、道は平坦でシンプルである。一歩一歩進んでいけば、その積み重ねがいずれ必ず悟りに通じる、と考える。それは万人に開かれた絶対公平な道だが、反面、自分で歩まねばならないという点では近道のない厳格な一本道でもある。シャカムニの生まれ故郷ネパールのヒマラヤ山脈にちなんで言えば、世界の最高峰エベレストに登りたいと望む人たちに、「エベレストの登り方」を指南するマニュアルのようなもの。それが『倶舎論』である。ではそういった登山マニュアルは、具体的にはどのような内容になるだろうか。

まずなにを置いても、エベレストおよびその周辺のヒマラヤ山脈全域についての地理や気象条件など、状況の説明が必要である。今から登ろうとするヒマラヤという世界が、一体どのような構造になっているのか、それを知らずに足を踏み出すことはできない。そういった現況の説明が終わって、エベレスト周辺の全体像が頭に入ったあとではじめて、登山者があらかじめ整えておかねばならない装備とか、事前のトレーニングが指示され、それからいよいよ登山の仕方が具体的に語られることになる。ヒマラヤ登山は、下手をすれば命に関わる企てであるから、こういった説明事項は、一から十まで一つの漏れもなく、すべてが細かく丁寧に語られていなければならない。したがって、そのマニュアルはとてつもなく膨大なものになる。

エベレストならぬ「悟りの山」を目指す人たちの登山マニュアルである『倶舎論』も、これと同様な構造になっている。なによりもまず大切なのは、「悟り山」周辺の状況説明である。エベレスト登山ならば、説明はエベレストとその周辺のヒマラヤ山脈あたりだけですむが、「悟り山」登山の場合は、その出発点は今私たちが生きているこの世の中そのものということになるから、全体状況を説明するとなれば、この世の中を丸ごと説明しなければならなくなる。「私たちが生きているこの世の中はどういった構造になっているのか」「それはどういった原理で動いているのか」「その中で『悟り』というのはどういう位置に置かれ、どのような状態を指すのか」といった問題が取り上げられ、様々な角度から解説される。これだけで『倶舎論』の半分以上が費やされる。

そしてそれが完了した段階で、登山者自身の技術指導へと話が進む。エベレスト登山が命懸けの冒険であるのと同じく、「悟り山」への仏道登山もまた、自分の人生を懸けた畢生《ひっせい》の一大事であるから、その説明に手抜きは許されない。はじめはただの凡人であった人が修行を重ねて悟りの境地に達するまでの全行程が、きわめて高密度、高純度、かつ多面的に解説されていく。これが『倶舎論』後半の内容である。

エベレストに登る予定のない人が『エベレストの登り方』を読めば、「実生活では役に立たない瑣末《さまつ》なことばかり延々と書き連ねて、なんとも退屈な本だ」と感じるかもしれない。しかし登山者本人にしてみれば、その解説の一つひとつが、わが身の命を保証してくれる貴重なアドヴァイスである。決して無意味な空論ではない。したがって、たとえエベレストに登るつもりがなくても、その場の情景を頭に浮かべ、登山者に感情移入しながら読めば、それはたちまち手に汗握る迫真の冒険ドラマへと姿を変える。まして、「その登山のスキルを手本として、なにほどかでも人生の糧を手に入れたい」という思いがあれば、そのリアリティーはいよいよ読み手の心に迫ってくる。『倶舎論』もまたこれと同様、読み手の心の持ちように応じて、「煩瑣でつまらない理屈の山」ともなり、「心踊る冒険の書」ともなり得るのである。

本書はその『倶舎論』という、仏教世界最良の登山マニュアルの一般向け入門書である。マニュアルそのものを「さあお読みください」と差し出されても、普通の人は困ってしまう。書き方のスタイルは今の本とは全く違うし、当時の仏教徒なら難なく理解できた基礎知識が今ではすっかり失われている。そこで、そういった不都合を繕い、重要なエッセンスだけを抽出してわかりやすく解説することで、『倶舎論』の面白さと重要さを理解してもらおう、というのがこの本の目的なのである。

本書は化学同人による「DOJIN選書」の一冊であるから、あくまで基盤は科学の領域に置かれねばならない。したがって考察対象は『倶舎論』前半の「この世界のあり方」だけに限定する。後半の「登山の技術指導」、つまり「悟りに達するにはどのように修行したらよいか」という個別の宗教的側面には立ち入らない。それは、「仏教で修行したい」という思いを持った人にとっては貴重な情報だが、一般読者にはあまりに縁が遠い。それはまた別の、仏教学の領域で公にするつもりである。

『倶舎論』は前半で、今言ったように、悟りを頂点とするこの世界の有り様を詳細に解説し、読者が今から進むべき道の概要を示している。つまりそれは、「仏教的世界観の客観的叙述」である。もちろんそこにも、個人的な宗教体験の要素が数多く含まれていることは事実だが、ベースはあくまで、世界の様相を正しく伝えることにある。しかもその世界の様相というのは、大乗仏教のような神秘と奇跡に彩られた大仰な大舞台ではなく、原因と結果の関係だけで粛々と展開する、静謐《せいひつ》な機械論的宇宙である。それは科学的世界観と同一線上にある。だからこそそれを「ＤＯＪＩＮ選書」の一冊として著し、科学界の人たちにも知ってもらいたいと考えたのである。

＊

ではこれから先、物質、精神、エネルギー、時間、因果則といった種々の概念を有機的に関連づけるかたちで、『倶舎論』が語る仏教の世界像を概観していくことにする。その前に少しだけ、『倶舎論』という本の性質について説明しておきたい。

『倶舎論』を書いたのは世親《せしん》（ヴァスバンドゥ）というインド人僧侶だが、本当を言うとそれは、一人の作者（世親）が自分の思想をそのまま書き表したという素直な本ではない。『倶舎論』の基本方針は、当時の仏教界（すなわち約二〇〇〇年前のインド仏教世界）で広く一般的に承認されていた世界像をみなに解説することにあるが、世親自身はそういった世界像を丸ごと受け入れていたわけではない。多くの点で、違った考えを持っていた。つまり、「自分自身の考えをある程度抑えつけながら、仏教界の本流を語った」のが『倶舎論』なのである。したがってところどころに世親の本心が出る。そういう場所では、本流の考えと世親の意見の両方が並列で語られることになる。しかし本書ではそういった『倶舎論』独自の個別状況には触れない。そういう問題に首を突っ込む前にともかく、本流の仏教がこの世界をどのように考えていたのか、それを知っていただくのが肝要である。それを理解したうえで、「では世親は、この世界観に対してどういった異論を持っていたのか」という点に興味があれば、より専門的な研究書へと手を伸ばしていただきたいと考えている。

第一章

仏教の物質論——法と極微

大乗仏教圏の一員である日本仏教では、「この世のものごとや因果則には実在性がない」という説が盛んに強調され、「すべては空である」といった言葉を至るところで耳にする。しかしこれは、神秘性を基調とする大乗仏教に特有の主張であって、『倶舎論』は決してそのようなことは言わない。「この世の多くの存在は虚構だが、その奥には間違いなく実在するものがある」と言うのである。

「家」とか「自動車」などは虚構存在である（これを「仮設《けせつ》」という）。なぜならそれは、様々な部材、パーツの集合体に私たちが勝手に名前をつけて呼んでいるだけのものだからである。自動車をバラバラに分解すれば、ボディーやエンジンやタイヤなどに分かれていって、元の「自動車」という存在は消滅する。そのボディーやエンジンといった存在もまた、より細かいパーツに分解したとたんに消えてしまう。私たちが名前をつけて呼んでいるほとんどすべての存在は、そういったかたちの集合体にすぎないから、真の実在ではない。私たちが勝手に名前をつけ、私たちが勝手に「そこにあるかのように」扱っているだけのものである。

ではこの世のものは、一切合切すべて虚構存在なのか、というとそうではない。そういった仮の名称で構成されている虚構世界の奥に、そういった世界を形成する基本的な実在要素がある。物質世界には物質世界を構成する究極の実在要素が存在するし、精神世界にも、精神を形成する要素がある。さらには物質、精神どちらにも属さない、一種のエネルギー要素も実在している。こういった基本的な実在要素のことを仏教では「法《ほう》」という。法が様々な状態でからみ合ってこの世はできている。これが、『倶舎論』の世界観のおおもとになる原理である。決して「色即是空」などとは言わない。

したがって、この世の真の姿を理解するためには、まずはそういった基本的実在要素（法）の実態を正確に把握しておく必要がある。とりわけ重要なのは「私」という存在の意味づけである。私とはなにか。もしそれが、不変の絶対存在であるというなら、『倶舎論』が挙げる多くの法の中には「私」というものも含まれているはずである。しかしそれはない。「私」は法ではないのである。法でないのなら、それは実在ではない。ということは「私」とは仮設、すなわち「自動車」と同じく、様々なパーツの寄せ集めにつけられた仮の名称ということになる。ここに『倶舎論』をはじめとしたアビダルマ仏教哲学の真骨頂がある。「私」は実在ではないのだ。

仏教では「私」のことを「我《が》」というので、「法をすべて眺めてみても、どこにも私という実在はない」という意味で、これを「諸法無我《しょほうむが》」という。この世を究極の実在要素にまで還元した場合、「あるに決まっている」と思い込んでいた「我」がどこにも見当たらず、それが様々な法の一時的な集合体にすぎないということに気づく、そこが仏教哲学の出発点である。したがって最も重要な作業は「存在の分析」である。この世の諸存在を究極の要素にまで分析することではじめて、私たちは自分自身の組成と、その機能を客観的に理解することが可能になる。それを理解したうえで、その自分の有り様を自分の力でよりよいかたちに変えていく。それを仏道修行というのである。では、『倶舎論』は世界の諸存在をどのように分析していくのか。それを見ていこう。

一　物質世界のとらえ方——七十五法

三元論

現代の科学は精神世界の独立性を認めず、精神もまた物質的現象の一部として説明可能だと考える機械的一元論である。これはこれで全く正当な視点であり、昔は特別視されていた精神という領域も、今では脳という物質的器官の作用として物質界に還元されつつある。だが二〇〇〇年前のインド仏教世界にそういった科学的一元論はない。当時としては当然のことだが、そこに展開するのは、物質と精神の二元論である。物質は物質、精神は精神、それぞれに別個の基本要素（法）が何種類かあり、それが集積して物質世界、精神世界を形成していると考えたのである。

ただ面白いことに、『倶舎論』ではそこにもう一つ、物質でも精神でもない、別の範《はん》疇《ちゅう》があると考える。それは今で言うならエネルギー領域である。この世には、物質でも精神でもない、全く別の領域の法が存在しており、それが物事を動かし、変化させる作用に関わっているとと考えたのである。こうして、『倶舎論』の世界観は原則として、「物質」「精神」「エネルギー」の三元論になっている。この三領域の法が、相互に影響し合いながらこの世を形成し動かしていく。「私」という存在も、そういった法の集合体として仮に存在しているにすぎない。その中のどこを探してみても、「これが私の本体です」と言えるような不変の実在などなにも見つからないのである。

この『倶舎論』の三元論は、現代の科学的一元論から見れば稚拙で不当なものに思えるかもしれない。しかし「三元論」という外枠をはずして、内実の相互関係を見るなら、現在の世界観とそれほど違うものではない。精神の領域にどのような法が存在しているかというと、たとえば「外界認識」とか「論理思考」とか「愛着」とか「怒り」といったものが総計四〇以上想定されている。これら一つひとつが、法であり、実在する基本要素だというのである。そしてそれらの法が様々に集合し、絡み合ったところに、私たち一人ひとりの「精神」というものが構成される。しかもそれは、眼や耳などの感覚器官を通して、外部の物質世界と連結されているという。見方を変えれば、眼や耳といった感覚器官も精神の一部ということになる。心および、心の作用を構成する四〇以上の要素と、そこに外部情報を導入する感覚器官、その全体が、精神の本質だということになる。

もしこのような状況を別の言い方に変えて、「四〇以上の基本機能の集合体として脳の働きが構成され、その脳は、眼や耳などの感覚器官を通して導入される外部情報をベースにして機能する」と言えば、それはそのまま現代の精神医学や、あるいは脳科学の構造に転換可能である。「精神世界に実在性を認めるかどうか」という点で見解は分かれるが、心的機能の構造に関しては『倶舎論』はきわめて現代的な考え方をしている。そしてそういった物質と精神の連合体に、さまざまな活動機能を与える第三の要素としてエネルギーが想定されているのである。

このように見てくると、仏教の三元論というものが、決して世界を三つの独立した領域に分断して考える世界観ではないということがわかる。物質と精神とエネルギーは、それぞれに独自の特性を持つ別個の領域ではあるが、それが分断不可能な状態で一体化したところに、この世の現象世界が現れてくるのである。物質と別次元のところに「魂」というものを想定し、それが物質を離れても独立に存在し得ると考えるキリスト教やイスラム教の二元論とは、視点が全く違う。仏教独自の世界観である。だからこそ、それを今、世に紹介する意味があるのである。

いかなる作用もしない存在

大枠の理念的な話はこのへんにして、もっと具体的な説明に進みたいと思っているが、その前にもう一つだけ、全体構造の要点を示しておかねばならない。物質、精神、エネルギーという三元論に含まれない、さらに別枠の存在があるという話である。

　この世が物質、精神、エネルギーという三種の範疇に分けられるということは言った。この三種の相互作用で、この世のあらゆる現象は説明できる。それなら、それらを超えた、別枠の存在など想定する必要はないはずである。もちろん、キリスト教やイスラム教ならばそういうものを想定する。それこそが彼らの「神」である。また、同じ仏教でも、シャカムニの考えとは違って強い神秘存在を外界に求める大乗仏教なら、やはりそういった存在を想定する。密教の大日如来などはその典型である。しかし、『倶舎論』の世界観はあくまでシャカムニ本来の教えをベースとしているから、「この世に超越的な絶対存在などいない」というのが大前提である。それなのになぜ、世界をつくる三要素以外に、さらに別の法を設定するのか。それは一体なにか。

『倶舎論』が言う「別枠の法」とは、なにか特別な働きをする神秘存在ではなく、むしろその全く逆で、「絶対に、いかなる作用もしないことが確定している存在」である。その典型が、仏道修行を完成して悟りを開いた者の、精神内部における静謐さである。そこでは、俗人が常に巻き起こしている煩悩《ぼんのう》の喧噪《けんそう》が完全に静まっており、しかもそれが再び起こってくる可能性も断ち切られている。煩悩が完全に静められたこの静謐さは「択滅《ちゃくめつ》」と呼ばれ、一個の独立した法として扱われる。択滅は、「なんらかの存在」というよりも、「作用が停止した、ある特定の状態」と言った方が適切なのではあるが、なにしろそれが、仏教という宗教の最終目標となっていることから、独自の法として設定されているのである。

択滅は物質でも精神でもエネルギーでもなく、いかなる作用にも関わらない不活性な存在なので、別枠として扱われる。ほかにも別枠の法は二つあって、一つは「空間」、もう一つは、ややこしい定義だが、「未来に存在している法を、決して現在へ移行することができないようにする特別な存在」である。これをそれぞれ、「虚空《こくう》」「非択滅《ひちゃくめつ》」という。

虚空の方はわかりやすい。物体が移動したり存在したりする、その容《い》れ物としてのからっぽの空間領域。現代のイメージでいうと「絶対的な真空状態」といった概念である（もちろん現代科学では真空も空虚ではないということになっているが、ここではそこまで考えない）。このような絶対真空領域は、ほかの法に作用することがなく、絶対不変である。ただそこに、からっぽの容れ物としてあるだけなのだから変化のしようがない。したがってこれも別枠の法とされる。三番目の非択滅は理解するのが難しい。それは『倶舎論』の時間論と密接に関わってくるので、今はまだ触れない。ただその非択滅も、択滅や虚空と同じく、「一切の作用に関わらない」という特性があるということだけ指摘しておく。つまり『倶舎論』では、この世の存在を「全く作用する可能性がない法」と「作用の可能性を持つ法」に二分割し、そのうち後者の「作用の可能性を持つ法」

を物質、精神、エネルギーに三分割して考えるということである。

私たちが普段暮らしているこの世の中は、「作用の可能性を持つ法」だけで動いている。択滅や非択滅といった特殊な存在は凡人の現実生活とは無縁であるし、虚空は、意識して考えるまでもないあたりまえのものとしてまわりに遍満している。したがって私たちの日常の活動は、「作用の可能性を持つ法」ばかりで構成されていて、そこから離れた特別な状態や特別な視点に立った者にだけ「作用する可能性のない法」が重要性をもって立ち現れてくる。それが『倶舎論』が語るこの世の大枠である。

無為法と有為法

ここまでは仏教の専門用語をできるだけ用いないようにして説明してきた。しかし大枠の説明が終わって、このさき話が本格化していく時に、術語なしでよちよち進むのは効率が悪い。そこでこのあたりで基本的な用語だけは説明しておいて、これからあとはそれを用いて議論を進めていきたい。

まず、この世の二大区分、「作用する可能性がない法」と「作用の可能性を持つ法」であるが、「作用する可能性がない法」を「無為法《むいほう》」と呼び、「作用の可能性を持つ法」のことを「有為法《ういほう》」と呼ぶ。有為というのは、いろは歌で「うゐのおくやまけふこえて」という、あの「うゐ」である。この世は大方が有為法で形成され、有為法の変容によって動いていく。一見したところ、この世には有為法しかないように思える。しかしこの世をよくよく見ればそれとは別に、「絶対作用しない存在」として無為法があることに気づく。その数はたったの三つ。択滅《ちゃくめつ》と非択滅《ひちゃくめつ》と虚空《こくう》である。一方の有為法はいくつあるかというと七十二もある。有為法七十二、無為法三である。

たった三つしかない無為法だが、その中にこそ、仏教の最終目標である「煩悩の永久的断滅」つまり択滅が含まれている。したがって「うゐの奥山今日越えて」、それでどこへ行くのかといえば、当然ながら「無為の領域の一つ」、すなわち択滅へ行くのである。この択滅は、別名「涅槃《ねはん》」とも言われる。普通、涅槃というと、ブッダなどの悟りを開いた人が亡くなることを意味する。しかし涅槃にはもう一つ別の重要な意味があって、それがここで言う、「多くの煩悩が次々と永久的に断滅され、次第に悟りへと近づいていく」その一つひとつの煩悩遮断のステップである。したがって、この意味での涅槃はイコール択滅になるのである。

無為法が択滅、非択滅、虚空の三つであるのに対して、有為法は全部で七十二もあると言った。その有為法が物質、精神、エネルギーの三範疇に分割される。どういう法がどのように分割されるのか、という話はあとで詳しく語るが、ともかく、その七十二の有為法が、普段私たちが暮らすこの世の、ほぼすべての現象を引き起こす基本要素なのである。

表1－1に、三つの無為法と七十二の有為法をまとめた一覧表を示しておく。今の段階で、その一つひとつの意味はまだ理解できないと思うが、ともかく『倶舎論』が考える「真の実在要素」がこれだけあるという全体像をイメージとして把握していただきたい。各々の意味は、このあと順次説明していく。

二　物質の基本要素——色法

外界の認識器官

物質、精神、エネルギーという、有為法の三種の範疇のうちの第一番目、「物質」について説明する。この物質領域は仏教用語では「色法《しきほう》」(rūpa) と呼ばれる。色という漢字がついているからといって、現代的な意味での「カラー」を意味するわけではない。意味は「物質」である。『倶舎論』よりずっと古いシャカムニ時代の原初の教典では、単なる物質ではなく、もっと特殊な範疇を示していたのだが、『倶舎論』時代になると一般化され、今の私たちが考えるのとほぼ同じ「物質」という概念を示すようになった（ややこしい話だが、『倶舎論』では「色《しき》」という言葉を二種類の違った意味で使う。一つは、今言った「物質」の意味。もう一つは、眼が認識する「色彩やかたち」。こちらの方にはカラーの意味が入ってくる。混乱するといけないので、今は「色とは物質だ」という定

表1-1　七十五法

<table>
<tr><td>無為法</td><td colspan="3">虚空
択滅
非択滅</td></tr>
<tr><td rowspan="9">有為法</td><td>色</td><td colspan="2">眼、耳、鼻、舌、身
色、声、香、味、触
無表色</td></tr>
<tr><td colspan="3">心(意、識)</td></tr>
<tr><td rowspan="6">心所</td><td>大地</td><td>受、想、思、触、欲、慧、念、作意、勝解、三摩地</td></tr>
<tr><td>大善地</td><td>信、勤、捨、慚、愧、無貪、無瞋、不害、軽安、不放逸</td></tr>
<tr><td>大煩悩地</td><td>無明、放逸、懈怠、不信、惛沈、掉挙</td></tr>
<tr><td>大不善地</td><td>無慚、無愧</td></tr>
<tr><td>小煩悩地</td><td>忿、覆、慳、嫉、悩、害、恨、諂、誑、憍</td></tr>
<tr><td>不定地</td><td>悪作、眠、尋、伺、貪、瞋、慢、疑</td></tr>
<tr><td>心不相応行</td><td colspan="2">得、非得、衆同分、無想果、無想定、滅尽定、命根、生、住、異、滅、名身、句身、文身</td></tr>
</table>

義だけ覚えておいていただきたい。詳しいことはあとで述べる）。

現代物理学なら、物質の基本要素は素粒子である。世界を電子とかニュートリノとか、あるいはクォークなどといったいくつかの基本的な素粒子にまで還元し、その組み合わせが全物質世界を構成していると考える。したがって物質の分類を一覧表にすれば、それは様々な素粒子のリストになる。これは、物質を「原料の違い」によって客観的に区分けしていった結果である。そこには、人間存在はいっさい関わっていない。人がこの世に存在していようがいまいが、それに関わりなく、「なにでできているか」という基準で区分していけば、当然このようなかたちになる。だが、物質の分類方法は、必ずしもそれ一つだけではない。分類とはすなわち、世界観の表出であるから、同じものでも、異なる世界観の人が分類すれば、異なる分類が生まれる。『俱舎論』が示す仏教の分類は、その独自の世界観を反映しており、科学とは全く違った基準に基づいている。それは、「人の認識作用を基準とした分類」である。

私たちの身体には五種類の認識器官がある。眼と耳と鼻と舌と、そして皮膚上の触覚器官である。皮膚上の触覚器官を仏教では「身《しん》」と呼ぶ。ここで「皮膚上」というのは、外側の皮膚だけでなく、体内の感覚も含むので、そこには「ひもじさ」や「渇き」といった要素も入る。このように、私たちの認識器官は五種、すなわち眼、耳、鼻、舌、身である。仏教ではこれを、「げん、に、び、ぜつ、しん」と読む。しかし無理に仏教読みをする必要もないので、普通に「め、みみ、はな、した、み」と読んで構わない。特に仏教読みにした方がよい場合は、ルビをふっておく。この五つの感覚器官も、「なにでできているのか」という現代的な分類基準で見れば、やはり素粒子の結合体として存在しているわけだから、ほかの物質となにも変わるところはない。たとえば眼は、網膜や水晶体や視神経の集合体として成り立っている物質的器官であり、それは石とか机などといった無機物と同じ意味で「単なる物質」である。しかしそこに「人の認識作用」という基準を適用すると、別の区分が見えてくる。つまりこうである。

眼とはなにか。それは外界の「いろ」や「かたち」を認識する器官である。そしてその眼という器官の本質はもちろん物質、つまり色法《しきほう》である（「色とは物質だ」という定義を思い出していただきたい）。では、その眼によって生じる認識というものはどこで起こるのかというと、それはある生き物の「心」で起こる。そうすると眼は、物質でありながら、ある一人の生き物の特定の心と結びついているということになる。色法として外界に属しながら、心と結びついているという点で、眼はほかの物体とは全く異なる。石や机はどのような生き物の心とも結びつかない。眼は誰かの心と結びついている。そして同じく、耳も鼻も舌も身も心と結びついている。つまりこの世には、「心と結びついている色法」と「心と結びついていない色法」があるということである。ここに分類の線が引かれる。

この世の色法（つまり物質）で、心と直接結びついているのは、眼《げん》、耳《に》、鼻《び》、舌《ぜつ》、身《しん》の五種類だけである。この五つを「五根《ごこん》」と呼ぶ。五根は、外界にある物質と接触するとスパークして心を励起させ、そこに認識を生み出す。たとえば眼が外界にある石と接触してスパークすると、心にその石の影像が生み出される、という具合である。簡単に言えば「眼で石を見る」のである。ここで「眼が外界物と接触する」と言ったが、眼の場合、それが対象物と直接に触れ合うという意味でないことは明らかであろう。一〇メートル離れたところにある石を見る場合、眼と石が実際に触れ合うことなどない。一〇メートル離れていても、眼は独自の遠隔作用によって、石が持つ「いろ」「かたち」といった要素と触れ合って、その情報を心に取り込むことができると考えるのである。耳も同じである。遠くに「音」という物質が存在していると、耳は遠隔作用によってその「音」の情報を取り込み、心に聴覚を生み出す。

現代なら、光（つまり電場、磁場の振動）や音波（空気の振動）が遠い向こうからこちらまでやってきて眼や耳の神経を刺激するから、見たり聞いたりすることができる、と考えるが、古代インドでそこまではわからない。なにか特別な遠隔作用があって、その力で遠くにある「いろ」「かたち」や「音」を眼や耳がとらえると考えたのである。ただし遠隔作用があるのは眼と耳だけであって、鼻、舌、身の三根は対象物と直接触れ合わないと認識が起こらない。鼻は、「香り」という物質と直接触れ合ってはじめて匂いの感覚を生み出すし、舌や身も同様である。遠く離れた物質を認識できるのは眼と耳だけなのである。

真の実在とはなにか

ここで注意しておかねばならないことがある。私たちは常識的なとらえ方として、たとえば「石を見る」場合なら、まず石という一個の物体が存在し、その石を眼で見れば「石のいろやかたち」が認識できるし、その石に触れれば「石の肌触り」が認識できると考える。つまり「いろ」とか「かたち」とか「肌触り」はすべて、石という一個の独立した物体が持つ属性にすぎないのであって、実在要素ではないと考えるのである。しかし『倶舎論』の物質観はその逆である。実在するのはその「いろ」や「かたち」や「音」の方であって、私たちは五根を使ってそういった実在要素だけを認識する。それを「石」という一個の実在として想定するのは、個々の実在要素を認識したあとに心の中で行われる人為的操作にすぎない。したがって「石」は真の実在ではない。仮設《けせつ》である。真の実在は個々の「いろ・かたち」や「音」や「香り」や「味」や「触感」だけである。つまり、五根が認識する五種類の対象世界だけが実在しており、それが心に認識を生み出すのである。したがって、それら五種類の対象世界はそれぞれが独立した「法」として扱われる（すでに言ったように、法とは、真に実在する存在要素を意味する）。この五つの対象世界を、仏教用語で色《しき》、声《しょう》、香《こう》、味《み》、触《そく》という。まとめて言う時は「五境《ごきょう》」と言う。「五根によって認識される実在物質」、それが五境である（表1－2）。

もう一度言うが、真の認識対象物質とは、五根のそれぞれに刺激を与えて五根それぞれに個別の認識を起こさせる、五種類の外的要素（つまり五境）、それだけである。私たちはそういった五種の認識をあとで心の中で勝手に結びつけて「石」だの「机」だの「山」だの「川」だのといった仮設の存在を想定するが、それは仮想存在であって法ではない。これが「人の認識作用」を基準として定義される認識対象の世界である。

表1－2　五根と五境の対応関係

認識する物質（五根）	認識される物質（五境）
眼	色
耳	声
鼻	香
舌	味
身	触

ここでちょっと足踏みして、「色《しき》」という語をもう一度説明する。

冒頭部分で「色とは物質のことだ」と言った。カラーという意味ではない。眼、耳、鼻、舌、身という五根と、その対象である色、声、香、味、触はすべて色である。このように色という語は広い意味で物質世界全体を指す。「認識する物質」と「認識される物質」の両方を含む全物質である。ところが今言った「眼、耳、鼻、舌、身という五根と、その対象である色、声、香、味、触はすべて色である」という文をよく見るとわかるように、色と

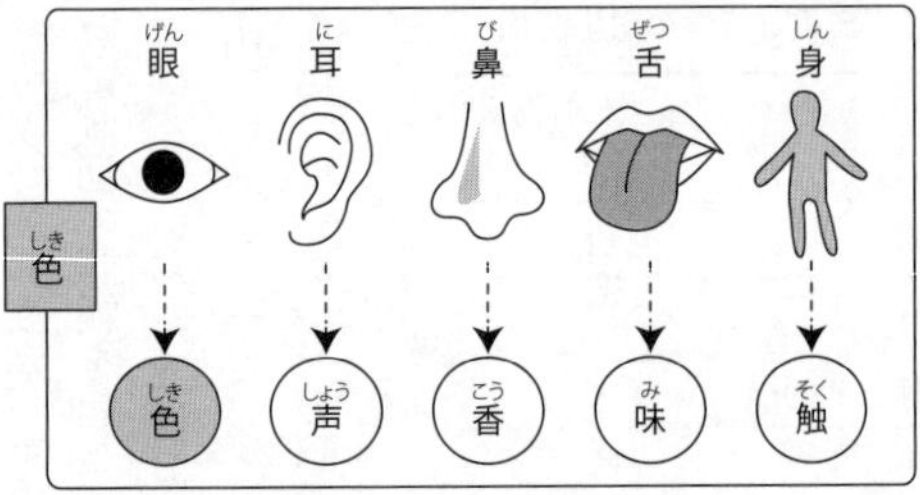

図1-1　二つの「色」の区別

いう語が違った意味で二回現れている。はじめの方の「色」は、物質世界全体を指してなどいない。その意味は「眼の対象となる物質」である。言い換えれば「いろとかたち」なる法である。物質世界全体ではなく、そのごく一部の領域を指しているにすぎない。だがこれもまた『倶舎論』では「色」と呼ばれる。別の呼び名にしてくれればよかったのだが、長い思想史の中でたまたま同じ名称がついてしまった。色という語は物質世界全体を指すこともあるし、眼の認識対象となる物質だけを指すこともある（図1－1）。混同すると議論が狂ってしまう。この点にはくれぐれも注意が必要である。本書でも混乱が起こらないように、両者の使い分けには十分気を使っていくつもりである。

認識する物質と認識される物質

話を物質世界の全体論に戻す。認識される物質というのが、「石」や「机」といった仮設の物体を指すのではなく、各感覚器官に対応する五つの領域を指していることは言った。では認識する側の眼や耳自体はどういった存在なのだろうか。何度も言ったように、眼や耳などの五根もすべて色法、つまり物質である。だがそれは、「いろ・かたち」とか「音」とか「香り」などの「認識される色法」とは違って、「認識する側の色法」である。ここに線引きができる。では次の質問にはどう答えるか。「物質が認識する色法と認識される色法にくっきり二分割できるというなら、認識する方の色法は認識されることがないのか。たとえば眼は認識する色法だが、その眼というものを私たちは実際に見たり触れたりすることができるではないか。鏡を見れば自分で自分の眼を見ることができるし、手で眼球に触れることもできる。私たちは眼を認識しているではないか。そうすると眼は、認識すると同時に認識されることもあるのだから上の二分割は成り立たないではないか」。

この質問に対する答は次のようになる。私たちが普段、眼だと思っているものは実は眼ではない。眼を守るためのただの土台である。本当の眼というものは、その土台の内部にあって、決してとらえることのできない姿で存在している。眼根《げんこん》という物質が、眼球の奥の、ある部分に、細かく点在しているのだが、それは決して認識されることがない。眼根とは、「自分は外界のいろやかたちを認識する力を持っているが、自分の方が別の認識器官によって認識されることは決してない」、そういうあり方で眼球などの肉体器官の奥に鎮座している物質なのである。耳根《にこん》や鼻根《びこん》もすべてそうである。耳たぶや内耳の器官が「耳」なのではない。それは耳の土台にすぎない。その土台の内部に本当の耳がある。本当の鼻は鼻腔の奥にあり、本当の舌は、舌ベロの表面に、そして本当の身（触覚器官）は皮膚の表面に、決して認識されない状態で設置されているのである。

たとえば外見上、眼にはなんの障害もないのに、ものを見ることができない人がいる。それは、土台としての眼球は健在でも、その内部の眼根自体が損なわれているからだ、と説明される。現代ならば神経系の機能の問題として扱われるところであるが、『倶舎論』ではそれを、外界と心の連結部分にある五根という物質の、機能の問題としてとらえるのである。

まとめてみよう。『倶舎論』では物質世界を、「認識する物質」と「認識される物質」に厳密に二分割する。両方を兼ねるものはない。認識する物質とは、すなわち肉体上に備わっている眼《げん》、耳《に》、鼻《び》、舌《ぜつ》、身《しん》の五種の感覚器官（五根）である。それは「認識されることがない」から、肉体上に備わってはいてもそれを私たちが認識することはできない。あることはわかっていても、それを見たり、それに触ったりすることは決してできないのである。一方、認識される物質とはなにかといえば、その五根以外の一切合切すべての物質である。それを認識器官ごとに分ければ、「眼によって認識される物質」「耳によって認識される物質」という具合に全部で五つに区分できる。「石」とか「机」といった世俗の呼称で呼ばれる物体を想定してはならない。眼によって認識される物質とは、眼がとらえる「いろとかたち」そのものである。たとえば「いろ」について言うなら、それは四種類ある。青と黄と赤と白である。「ある物質のいろが青だ」と言っているのではない。そこに青という物質が存在しているのである。それを眼がとらえると青という視覚が心に生まれる。四色それぞれの物質が特定の割合で混在した状態でそこに存在していると、その割合で混ざったいろが視覚として心に生じる。それを私たちはたとえば「ああ、あそこに薄緑色の花が咲いている」という具合に感じ取る。しかし実際そこにあるのは薄緑色の花ではなく、混合すると薄緑色に見えるような比率で存在している四種のいろ物質であり、そしてまた、全体構成として「花のかたち」を形成することになる、様々な基本的「かたち物質」の集合体なのである（かたち物質は「長」「短」「方」「円」「煙」「霧」「影」「光」といった約一五種類の要素からなる。その一つひとつが、眼の対象としての色法の構成要素である）。

私たち生物の肉体も、五根以外はすべて「認識される側の物質」すなわち五境である。皮膚も筋肉も内臓も、みな五境の構成要素が集合したものであり、五根によって認識される。したがってそれは心と結びついていない。心と結びつくのはあくまで、認識する側の五根だけだからである。もし私たちが、五根の機能をすべて失ってしまったとしたら、たとえそこに生命体としての肉体が存在していたとしても、それを自己認識することはできないであろう。その肉体は、五根という心との連絡経路が遮断されてしまうからである。

こう考えてくると、いわゆる西洋的概念としての「物質」「精神」という区分が、ここにはうまく当てはまらないことに気づく。外部に五境という純粋に無機的な物質世界が存在し、内部には心という、純粋に非物質的要素が存在している。それを「五境が物質である」「心が精神である」と言って区分したとしても、その五境と心の中間に存在している「五根」という中継物の帰属が決まらない。五根は色法であるから、その点から言えば間違いなく物質である。しかし、五根と心が一体化したところに視覚や聴覚などの心作用が成立するのだから、その点から言えば精神の一部でもある。

このように『倶舎論』が語る世界を、西洋的な「物質」「精神」の概念で分割することはできない。外部にある無機的な物質の領域と、内部にある心作用の領域が、五根をとおして一体化している、その全体を「生命体の機能」として理解するしかないのである。

三　物質世界を構成する素粒子――極微

『倶舎論』の原子論

五根も含めた物質世界について、もう少し詳しく説明する。原子論との関係である。『倶舎論』の物質概念には原子論が組み込まれており、それが大変面白い世界像をつくっている。きわめて初歩的な言い方だが、原子論を次のように規定する。「この世の物質を究極の構成要素にまで還元していった時、最終的には、有限な種類に区分される基本粒子に行き着く」。簡単に言えば「すべての物質は、何種類かの基本粒子の組み合わせでできている」という世界観である。

仏教は本来、こういう意味での原子論を主張していなかった。仏教最初期の物質観は、「物質は地・水・火・風という四種の要素からできている」という元素論であって、粒子説ではなかった。その元素がどういった形で具体的にこの世の物質世界を構成するのか、という理論的説明はなにも示されていなかった。深くは考えられていなかったのである。それが五〇〇年ほどたってアビダルマ哲学が発展してくると、様々な細密理論が考案されるようになってくる。その中の一つが原子論である。

仏教では原子のことを「極微《ごくみ》」と呼ぶので、正しくは「極微論」という。『倶舎論』に現れる極微論は、ほかのアビダルマ哲学書よりも明確で徹底している。おそらくは作者の世親が、この問題に強い関心を持っていたせいではないかと思われる。『倶舎論』が語る極微論とは以下のようなものである。

この世の物質世界が、「認識する五根」と「認識される五境」の一〇領域で構成されていることはすでに述べた。『倶舎論』では、これらすべてが極微と呼ばれる素粒子でできていると考える。「認識する五根」も「認識される五境」も、すべてが極微と呼ばれる素粒子でできていると考えるのである。その極微の種類だが、大きく「一次基本粒子」と「二次可変粒子」に分けられる。「一次基本粒子」とは、物質の基本単位をかたちづくる四種の粒子で、いかなる物質においても、この四種が必ずセットになって現れるという点で「基本的」なのである。それは地《ち》・水《すい》・火《か》・風《ふう》の四種をいう。地・水・火・風という種類の極微があって、その四種の極微は決して単独で世に現れることはなく、必ず四個ワンセットで、しかもどんな物質にも必ず付随して現れてくるというのである。このような「一次基本粒子」のことを「四大種《しだいしゅ》」という。

この四大種とは別に、「二次可変粒子」というものがある。そこには、眼根や耳根といった「認識する方の物質」も、「青」などの「認識される物質」も含まれる。それは四大種とは違って、それぞれの状況に応じて現れることもあるし現れないこともある。たとえば私たちの眼球の奥には眼根という極微があり、その作用によって私たちはものを見ることができる。しかし眼球以外の場所には眼根は存在しないので、眼以外の場所にはものを見るという機能はない。また、青という粒子（極微）があると、私たちはそれを眼でとらえて「青」という視覚を心にかたちづくる。「甘さ」という極微があると、それを舌がとらえて「甘い」という味覚が生まれる。四大種の四粒セットは、物質世界のあらゆる場所に一様に遍満しているのに対して、この「二次可変粒子」はいろいろな種類の極微がいろいろな現れ方をする。このように「二次可変粒子」が大きな多様性をもって現れてくるせいで、この世の物質世界は千変万化の変容を見せるのである。『倶舎論』ではこの「二次可変粒子」を「所造色《しょぞうしき》」と呼ぶ。物質は、一次基本粒子である「四大種」と、二次可変粒子である「所造色」の複合体として存在しているのである。

「おみこし理論」

ではその「四大種」と「所造色」はどのような関係にあるのか。私は、それを理解するのに便利な言い方として「おみこし理論」という言葉を使っている。地・水・火・風という四大種の極微が一粒ずつ集まって一個の「おみこし」を形成し、その上に所造色の極微が一粒乗っているというイメージである。土台のおみこしは必ず地・水・火・風の四粒で形成されるが、その上に乗る所造色はいろいろである（図1‐2）。

物質がこの世に現れるということは、必ずこのようなおみこしのセットとして現れるということである。したがって「眼根」という極微があれば、それは必ず地・水・火・風のおみこしの上にあるのだから、そこには必ず眼根と地・水・火・風、合計五粒の極微が同時存在しているということになる。耳根も鼻根も舌根も身根も同じで、みなおみこしの上に乗って、五粒ワンセットで出現する。「青」という極微がある場合なら、青と地・水・火・風、合計五粒の極微である。眼の対象としての色（狭い意味での色）には青、黄、赤、白という色彩の四原色や、長、短、方、円といった「かたちの要素」があ

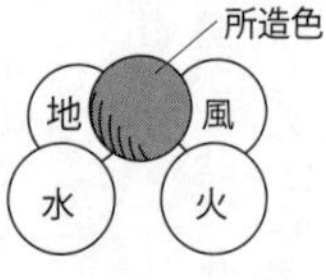

図1－2 「おみこし」ユニット　実際は各粒子は触れ合うことなく、虚空に浮いたかたちでユニットを形成している。

ると言ったがこれらもすべて所造色の極微であり、したがってそれらはみな、一粒ずつおみこしの上に乗っている。声《しょう》も香《こう》も味《み》も触《そく》もみな同じで、それぞれの領域に含まれる様々な性質の極微が一粒ずつおみこしに乗る。たとえば声（つまり音）なら、「有知覚的な存在を構成する四大種を発生因とし、その発生因が生き物であるとは知られないような、快い音」などという、なんともややこしい特性を持つ何種類かの声の極微が一粒ずつおみこしに乗る。香（つまり匂い）ならこれが、「良くて適度な香り」「良いけれど強すぎる香り」「悪くて適度な香り」「悪くて過度な香り」の四種類。味は「甘さ」、「酸っぱさ」、「塩辛さ」、「辛さ」、「苦さ」、「渋さ」の六種類。触（触感）は「なめらかさ」、「粗さ」、「重さ」、「軽さ」、「冷たさ」、「ひもじさ」、「渇き」の七種あるとされる（表1－3）。このように、四大種の四粒でつくられたおみこしの上に様々な種類の所造色が一粒乗っているこのセットが、物質の最小ユニットということになるのである。

極微の認識

すでに説明したように、『倶舎論』における物質観は「認識する物質」と「認識される

表1-3　極微の一覧

一次基本粒子（四大種）	地		「おみこし」の土台身根（触）で認識されるので「触」に含まれる
	水		
	火		
	風		
二次可変粒子（所造色）	眼		認識機能を持つ
	耳		
	鼻		
	舌		
	身		
	色	青、黄、赤、白、長、短、方、円など	五根で認識できる
	声	快、不快、有情が発すると知られる音、知られない音など	
	香	良くて適度、良いけれど強い、悪くて適度、悪くて強い	
	味	甘さ、酸っぱさ、塩辛さ、辛さ、苦さ、渋さ	
	触	なめらかさ、粗さ、重さ、軽さ、冷たさ、ひもじさ、渇き	

物質」に二分され、前者は五根、後者は五境と呼ばれる。この二分割と、今言った「四大種」「所造色」の「おみこし理論」の関係について、もう一度確認しておく。

　まずおみこしの土台を形成する四大種、すなわち地・水・火・風の極微だが、これは「認識される側の物質」に入る。認識機能を持っているのはあくまで眼根などの五根だけであるから、無機的な物質要素である四大種が「認識する側」に属するはずがない。それは認識対象、すなわち五境に属するに決まっている。

では四大種が五境に属するとして、それらはどの認識器官によって認識されるのか。青の極微なら眼根、甘さの極微なら舌根によって認識されるが、四大種の極微はどの根によって認識されるのだろうか。四大種の中身は地・水・火・風という四種の要素であるが、見て明らかなように、その性質はすべて「触覚」に関係している。『倶舎論』ではそれを次のように言う。「地の本質は堅さ、水の本質は湿りけ、火の本質は温かさ、風の本質は動きである」。したがって四大種が認識されるとすればそれは、触覚の感覚器官である身根によって認識されねばならない。おみこしの土台を形成する地・水・火・風の四つの極微は、身根の認識対象である「触《そく》」の領域に属するのである。

おみこしの土台がすべて「認識される物質」に属するとして、次に、そのおみこしの上に乗る所造色だが、ここには「認識される物質」である五根と「認識される物質」である五境の両方があり得る。おみこしの上に眼根が乗っている状態を想像してみると、その眼根という極微は「ものを見る」という機能を持っている。おみこしの上に乗った眼根という粒が、ものを見るのである。したがってそれは「認識する物質」である。当然ながら自分が認識されるということはないから、私たちが眼根の極微を見たり触ったりして感じ取ることは絶対にできない。しかし、そのおみこしの土台となる地・水・火・風の方は認識対象であるから触覚で感じ取ることができる。つまり眼根の場合、認識される物質である「おみこし」の上に、「認識する物質」である眼根の極微が乗っているのである。このようなかたちのおみこしセットが、眼球の奥に数多く散在しており、それが私たちに「見る」という機能を与えている。耳も鼻も舌も身も全く同じで、みなおみこしセットのかたちでそれぞれの場所に配置されているのである。

一方、おみこしの上に乗っている所造色が「認識される物質」である場合、それは五境であるから、その極微は五根のどれかによって認識され得る。「青」の極微が乗っていれば、それは眼根によって認識されるし、「甘さ」の極微が乗っていれば舌根によって認識される、という具合である。

まとめるとこうなる。物質は必ず地・水・火・風という四大種の極微四粒の上に、なんらかの所造色の極微が一粒乗っているという形で現れる。その四大種自身は触覚の対象なので身根によって認識される。上に乗る所造色は、それが五根の極微であるなら認識する機能を持っており、五境の極微なら認識される機能を持っている。したがって身根に着目した場合、それは四大種も認識できるし、所造色として上に乗っている「触に属する極微」も認識できるという点で、ほかの感覚器官よりも機能が広いということになる。

なお、付け加えておくと、一粒の極微はきわめて微少なので、単独では認識の対象になり得ないとされている。しかしそれが多量に集積すれば認識可能となる。その集積の密度により認識の明確さが違う。さきほど言った、「いろ」の極微の配合状況によって、様々な「いろ」が認識できるという現象も、こういった極微の特性として理解することができる。

八事倶生、随一不滅

以上、極微論の基礎を語った。地・水・火・風プラス所造色という五粒セットが基本である。次に、このユニットが現れる場合のユニット間の関連性について説明しよう。たとえばおみこしの上に「青」の所造色が乗っているユニットを考えてみると、このようなユニットが単独でポッと現れてくることはない。必ずいくつかのユニットがセットになって出現するのである。おみこしのユニットは最小の場合でも必ず四つがセットになって出現するとされる。四つというのは、「眼の対象となる色の所造色を乗せたおみこし」「鼻の対象となる香の所造色を乗せたおみこし」「舌の対象となる味の所造色を乗せたおみこし」「身の対象となる触の所造色を乗せたおみこし」である（図1-3）。

これを見てわかるように、四つのおみこしと、その上にそれぞれ色、香、味、触に属するなんらかの所造色の極微が乗って、全部で二〇粒の極微が必ず同時に起こる。

ここで不思議なのは、「耳の対象となる声の所造色を乗せたおみこしユニットがない」ということである。これには理由がある。この世になんらかの物質が現れた場合、それ

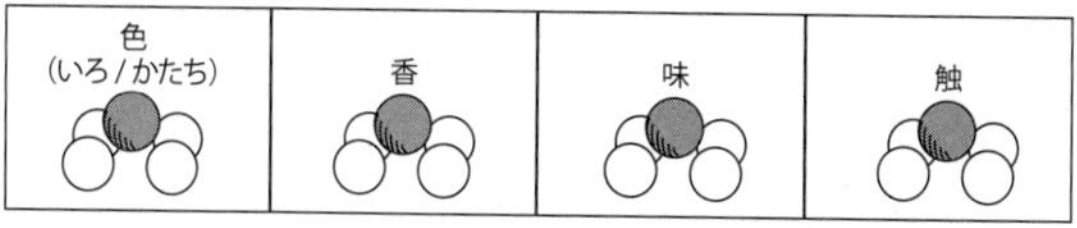

図1-3　四つワンセットで現れる極微（全8種20個）

は必ず「見る」「嗅ぐ」「味をみる」「触る」という四種の認識行動のどれかで認識することができる。見ようと思えば眼で見ることができるし、嗅ごうと思えば鼻で嗅ぐことができる。これらを同時に行うことはできないが、任意にどれか一つの認識行動を選べば、必ずその方法でその物質を認識することができる。「ある物質がこの世に出現する」ということは、別の言い方で言えば「見る、嗅ぐ、味をみる、触る、という四種の認識のどれにも対応できるかたちで極微の集合体が現れてくること」なのである。

　ところが音声だけは違う。声（つまり音声）は、物質によっては全く付随しないことがある。音のしない静かな物体があれば、それは耳で認識することができない。いくら「聞こう」と思っても、その物体の声（音）を聞くことは不可能なのである。したがって「聞く」ことだけは別になる。四大種のおみこしの上に、声の領域の極微が乗っているユニットだけは、一緒に現れないことがある。

　したがって、以上の規則をまとめるとこうなる。物質世界では、最小の場合でも、色、香、味、触の所造色を乗せた四つのおみこしが、必ずセットになって出現する。そこに声の所造色を乗せたおみこしが加わっているかどうかは状況次第だが、もし加わっている場合は、その物質は「音のする物質」として認識され得る。地・水・火・風の四種類の四大種の極微と、色、香、味、触という四種類の所造色の極微、合計八種類の極微が必ず一緒になって出現し、一緒になって消えていく。それでこの原理は昔から「八事倶生《はちじぐしょう》、随一不滅《ずいいちふげん》（八つのものが必ず同時に生じる）」と呼ばれている。

身根の特殊性

「八事倶生、随一不滅」の原理はあくまで、この世に物質が現れ出る際の最小の単位を示すものである。五根のような特殊な物質ではなく、「机」や「石」といった普通の無機物について言っている。「石」とか「机」などと私たちが仮設している物も、その本質は、最少でも八種類二〇粒からなる極微のユニットが無数に集まることで形成されている極微の集積体だと言っているのである。ではたとえば、眼根のような生物特有の物質が現れる場合は、おみこしユニットにはどのような条件が課せられるのであろうか。現実の眼の状況を考えてみるとわかるが、眼根だけが単独でこの世に現れるということはあり得ない。それは必ず、眼球という「容れ物」に入った形で現れる。耳や鼻なども同じである。つまり五根のおみこしセットは、決してそれだけが単独で現れることはなく、それを囲み込んで保護してくれる肉体的容れ物を伴って生じてくるのである。そしてその肉体的容れ物は「認識する物質」ではなく「認識される方の物質」である。したがってそれは「八事倶生、随一不滅」の原則に従って、色、香、味、触を乗せた四つのおみこしユニットのセットとして出現する。つまり、この世に眼根が出現する時は、その眼根を乗せたおみこしユニットと同時に、必ずその容れ物として色、香、味、触の四つのおみこしユニットも生じるということになる。

さらにもう一つ。私たちの肉体を考えればわかることだが、身体全体は皮膚で覆われており、そのあらゆる場所に皮膚感覚がある。つまり身体の表面すべてに触覚器官としての身根が分布しているということである。それは眼球にも耳の奥にも、鼻の中にも舌の表面にもある。身体の表面全体に身根が遍在し、そしてところどころ、眼球とか耳の奥などの特殊な場所にだけ、その上に重なるかたちで眼根などの別の根が局在するという状態になっている。言い換えれば、眼、耳、鼻、舌の四根は「身根の上に乗っている」のである。したがって、眼、耳、鼻、舌の四根が存在する時には、必ずそこに身根も存在している（図1－4）。しかし逆に、身根があるからといって、必ず眼根があるわけではない。手のひらや背中などの普通の皮膚には身根しかない。こういうわけで、次の定則が導かれる。

眼、耳、鼻、舌の四根が出現する時には、必ず同時に、その容れ物としての色、香、味、触の四つのおみこしユニットと、そして身根のおみこしユニットが現れる。一方、身根

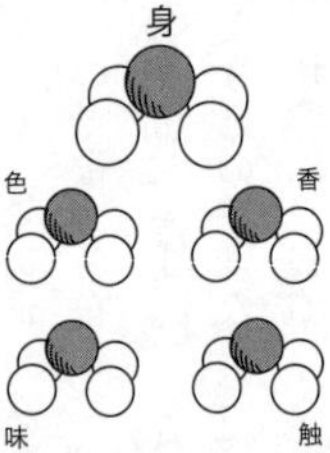

図 1 - 4　身根の出現様式

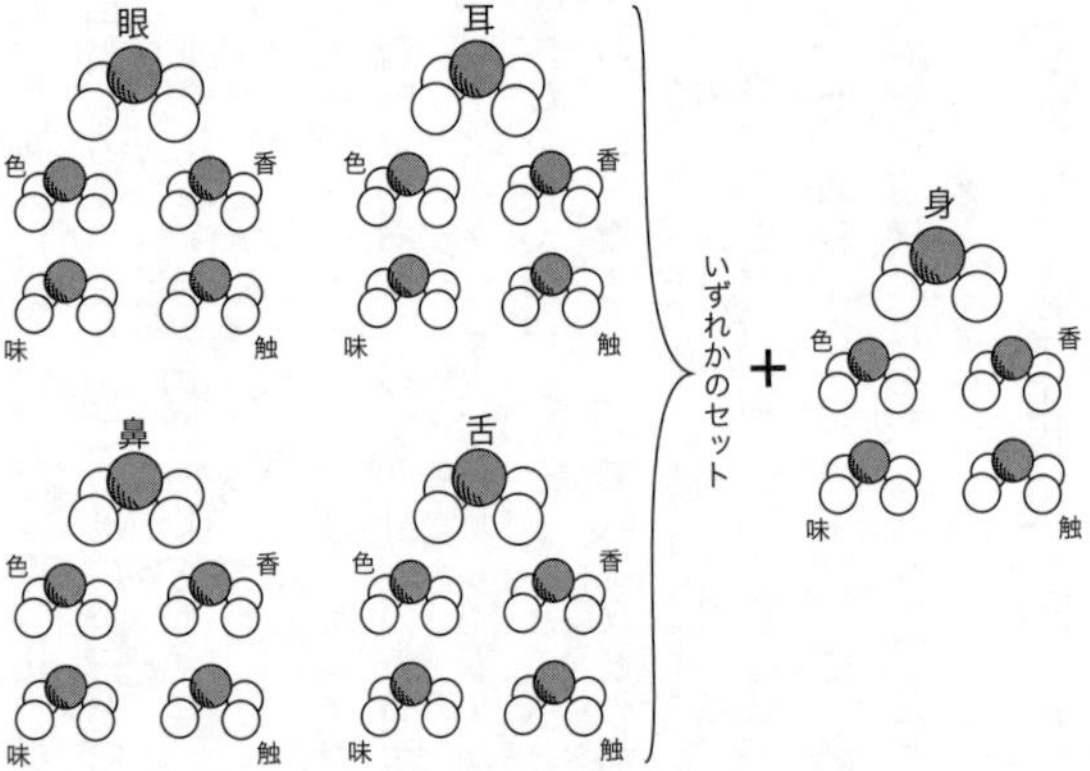

図 1 - 5　身根以外の感覚器官の出現様式

に関しては、容れ物としての色、香、味、触の四つのおみこしユニットは必ず出現するが、眼根など他の根のユニットが同時出現するとは限らないのである（図１－５）。

＊

これで物質世界の説明を終える。物質にはここで挙げた五根、五境の一〇領域のほかにもう一つ、「無表色《むひょうしき》」と呼ばれる非常に奇妙な物質が想定されているのだが、それは普通の物質とは次元の異なる概念なので本書では語らない。いずれ『倶舎論』の後半部分、「修行方法」を語る本で詳しく説明するつもりである。

物質世界を「認識するもの」と「認識されるもの」に二分割して考えた結果、上のような世界像が現れたわけだが、そのうちの「認識するもの」がすなわち五根であり、それは外界からの物質的刺激を心に伝達する中継点として位置づけられていた。したがってこのあとは、その五根が中継ぎする先にある、心の構造について見ていくことにする。

第二章

仏教がとらえる内的世界
——心・心所

第一章では物質世界の構造について語ったが、ここでは第二の範疇として精神について語る。ただし第一章でも言ったように、「精神」という概念には中継点としての五根も含まれるが、ここではその五根を除外した、純粋に心的作用を行う内部構造だけを取り上げる。

まず「精神」という言葉だが、これは仏教用語ではない。中国文化に由来する言葉であり、しかもそれが明治期になって西欧語の spirit の訳語として利用されて一般化した。精神とは、なんとも口で説明しにくい概念だが、「私という自我意識を核にして、種々の情報を受容し、操作し、それに反応する機能体」とでも言うべきか。ともかく精神という言葉の中には、「確固たる自我の存在」が想定されているようである。したがって、『倶舎論』の思想を語る時に、精神という語は使えない。仏教、特にシャカムニの仏教では「無我」ということを強調し、「永続する独立した自我などどこにもない」と考えるので、そういう存在を想定するような用語は不適当なのである。

第一章では仕方なく使っていた精神という語であるが、これから先は使用しない。その代わり『倶舎論』本来の用語を使う。それを「心《しん》・心所《しんじょ》」という。それがどういうものなのか、なぜ心と心所に分かれているのか、といった点はこれからゆっくり語っていくが、ともかく、今まで精神という用語で曖昧《あいまい》に指示してきた領域を、これからは心・心所という正式な仏教語を用いて厳密に考察していくということである。

一　心・心所の構造

認識の発生

まず五根を考えてみよう。第一章で述べたように、五根は色《しき》（物質）でありながら、心・心所に結びついているという点で特殊な位置に置かれていた。外部にある認識対象（五境）と五根とが触れ合うと、そこで反応が起こって認識が生じる。その認識は物質ではなく心・心所内の現象であるから、つまり五根は、外部の五境と内部の心・心所を結ぶ結節点にある特殊物質ということになる。ではその、五根と五境の接触によって生じる認識とは、心・心所の中でどういった位置に置かれるのか。ここは肝心である。

五根が、その対象である五境と接触することで生じる認識、それ自体を「心《しん》」というのである。眼根が外界にある青の極微と接触すると、私たちの内部に「青という認識」が生じるが、その認識そのものを「心」と呼ぶ。心イコール認識である。仏教では「認識」とは言わずに単に「識」と呼ぶので、正式に言うなら、心イコール識である。そしてついでに言うと、それはまた別名「意」とも言われる。つまり「心＝意＝識」である。これは『倶舎論』の世界観を理解するうえで最も重要な定式の一つである（なぜ重要なのかは次第にわかる）。「しん、い、しき」という言い方で憶えてしまった方がよい。これらは同じものを指す別の呼び名である。その本体は同じものだが、見方に応じて呼び方を変えているのである。

外界からの刺激が、根という特殊な物質を通して識を励起させるところまでは言った。その識を別名で心と言ったり意と言ったりする。そしてそれが心・心所のうちの心である。ではもう一方の心所とはなにか。たとえば私たちが甘いケーキを食べているとする。舌根で甘さを認識するわけだが、その際、私たちがなんの反応もなくその甘さを受容するということはあり得ない。たとえボーッとしていて「ケーキを食べている」という自覚なしに食べている場合であっても、私たちの心・心所は、その甘みを様々な面から計量し、種々の体験と比較し、好き嫌いの感覚を持ち、時にはそれに対して愛着を起こしたりあるいは嫌悪感を起こす。つまり、根を通じてもたらされる刺激に対して、私たちの心・心所は必ず多種多様な反応を起こすのである。そこでその心・心所と認識作用の関係だが、根からの刺激によって励起される反応のうち、純粋な刺激の投影だけを心と言い、その投影に付随して起こる様々な個人的な反応の方を心所と言うのである。したがって、一回の刺激によって生じる心は一個だけだが、それに伴って生じる心所の数は複数ある。私たちはある一つの刺激に対して、同時に様々な反応を示すからである。

内部世界投影の仕組み

この心・心所の構造は、図にして示すとわかりやすい。それは次の図2－1のようなものである（あくまでこの図は私が考案した独自のものである。昔からこの図が伝統的に使われてきたわけではない）。

足がたくさんでているタコのような姿である。真ん中にあるタコの頭が心である。心＝意＝識だから、このタコの頭は意とも呼ばれ、識とも呼ばれる。根を通過してきた刺激は、このタコの頭に写像をつくる。ただしそれは、その者の個人的な反応を含まない、言ってみれば「ニュートラルで純粋な認識」である。しかし、そのタコの頭には多数の線が接続されていて、その先は豆電球のソケットになっている。この図では、簡略化のために線の数は数本しか描かれていないが、実際には四〇本以上の線が出ていて、それぞれが豆電球のソケットと接続されている。その豆電球の一つひとつが、「根からの刺激に対する個別反応」である。これらを心所と言う。

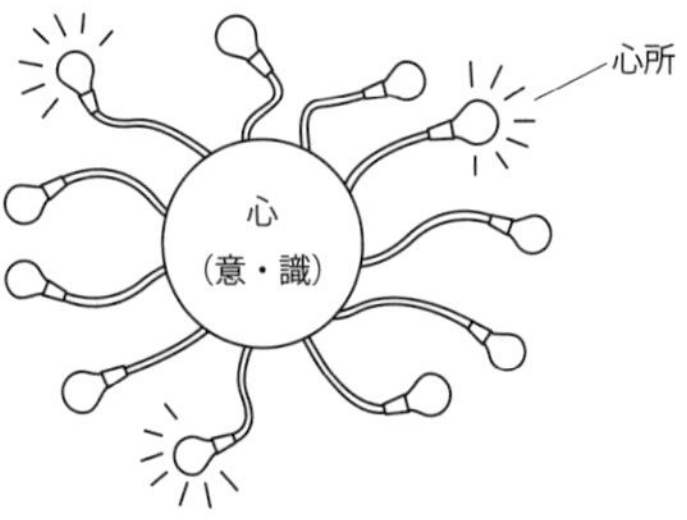

図2－1　心・心所のイメージ（タコの図）

時間を止めて、ある一瞬の心・心所の様子を眺めてみよう。たとえば私が外界の彫刻を見ているとする。その彫刻は言うまでもなく物質の極微が集積したものである。後ろに下がって彫刻の全体を眺めているなら、そういった極微の集積の全体が眼根と接触するし、近づいて一部分だけをじーっと見つめているなら、その集積のごく一部分だけが眼根に触れる。いずれにしろ、ある特定の「眼の対象となるいろ・かたちの極微」が眼根と接触し、その写像を私たちの内部につくり出している。それがタコの頭、すなわち心である。

だが私たちはその写像を、まるで鏡が対象物をそのまま鏡面に投影するような無機的で単純なかたちで受け入れているのではない。私たちは鏡ではない。生き物である。そのため、内部に写像をつくり出すと同時に、それに対して様々な反応を起こす。その彫刻の写像をめぐって、私独自の、いろいろな感情や思いや想念が生じてくる。それは私が特別に意識しなくても、彫刻の写像が生じると同時に、否応なくそれに付随するかたちで生じてくるものである。そういった反応の数が、全部で四〇以上ある。それが心所である。

ただし、その四〇もの心所が全部一斉に生じてくる、などということは決してない。その中には互いに正反対の傾向を持つものもあって、「こっちが起これば、あっちは決して起こらない」という背反関係が成り立つからである。したがって心所は四〇以上あるが、ある瞬間に起こってくるのはそのうちの一部である。彫刻の写像としての「心」が起こり、それと同時にいくつかの特定の「心所」が起こってくる。これを先のタコの図でいうなら、真ん中の頭（心）が光っていて、それと同時に四〇以上ある豆電球（心所）のうちの特定の何個かが光っているという状態である。

このように、『倶舎論』でいう心・心所は、根を通して入ってくる刺激に対応して心が起こり、それに付随するかたちで複数個の心所が反応するという構造体になっている。これが、現代で言うところの精神に相当する、仏教特有の「内部世界」の枠組みである。「時間を止めて、ある一瞬の心・心所の様子を眺めてみる」と言った。それが今述べてきた場面である。したがってここに描写されている有り様はすべて、「ある一瞬」に起こっている同時進行の現象である。外界に彫刻があり、それと眼根が触れ合って心が生み出され、その心に反応して複数個の心所が起こってくる。これは時間を追ってそうなっていくのではなく、ある一瞬ですべてが起こる。一瞬でこういった作用が全部同時に発現し、次の瞬間にはまた別の全体図が現れる、という流れである。仏教世界には、こういった「一瞬間完結型」ではなく、時間を追って順に認識が進むと考える人たちもいた。この点は見解の分かれるところであるが、ともかく『倶舎論』は認識機能を「瞬間型」でとらえていたということを知っておいていただきたい。

心・心所はどこにあるか

この心・心所構造体は、私たち生物の体内のどこに存在しているのだろうか。現代人に聞けば、おそらく多くの人が「脳の内部」と答えるであろう。「精神の基体は脳にある」というのは現代の標準的な解釈である。しかし二〇〇〇年前のインド世界に、「私たちの思考や感情が脳で生み出される」などという発想はなかった。頭蓋骨の中につまっている灰色の軟体物がそんな高尚な働きをするなどとは思いもしなかったのである。脳みその働きは、せいぜいで身体の重心のバランスをとるおもり、くらいのものだった。当時の人たちが考えた生命体の中心部とは、当然のことながら、夜昼休むことなく鼓動を繰り返す心臓であった。心臓こそが生命の集結点であり、私たちの内部世界も心臓が生み出していると考えた。したがって、仏教界でも、「心・心所は心臓にある」と考えた人がいた。

　しかし、『倶舎論』は違うのである。ここが面白いところだが、『倶舎論』では「心・心所は特定の空間には存在しない」と考える。なぜなら、空間というものはあくまで物質が占有するものであり、物質でないものとは関係を持たないからである。あたりまえと言えばあたりまえだが、しかし、「存在はするけれども場所を持たない」という思考はかなり抽象性が高い。日常的な通念から簡単に生み出されるものではない。ここには『倶舎論』を生み出した説一切有部という部派の深い哲学性が現れているように見える。したがって「心・心所は、その生命体のどこにあるか」という問いに対しては「空間的に特定できない」としか答えようがない。あえて無理に答えるとすれば「その生命体の全体に遍満している」としか言いようがないのである。

だがこれは、現在の生命観についても同じことが言えるのではないか。私たちはどうしても精神活動の場をどこか特定の場所に限定したいという誘惑に駆られてつい「精神は脳の中にある」などと言うのだが、よく考えればそれは不合理である。精神は、私たちの肉体を構成するすべてのパーツが、五感を通じて統合されたところに現れてくるものであるし、もっと言えば、その五感を刺激する外界の世界もまた精神形成の一要素となる。ただ、その統合作用の多くを脳が行っているために「精神は脳にある」などと極論を口にするのだが、ただの思い込みである。この意味で、心・心所の存在個所を特定しないという『倶舎論』の態度は理にかなっているとも言えるのである。

二　心所を構成する要素

では次に、四〇以上ある心所の中身を見てみよう。その一つひとつについて厳密な定義が決まっているが、それをここで全部紹介するのはあまりに煩瑣であるし、意味もない。専門書を見ればわかることなので、特別に興味のある方にはそちらを参照していただくこととして、ここではその大枠だけを見ていく。

六つの区分け

心所はその一つひとつが独立した法である。つまり実在存在ということだ。表1－1（30ページ）の七十五法一覧をもう一度見ていただきたい。そこに心所がすべて挙げてあるが、それがいくつかの区分でまとめられている。区分は大きく分ければ六つある。

1. 大地法《だいちほう》
2. 大善地法《だいぜんぢほう》
3. 大煩悩地法《だいぼんのうぢほう》
4. 大不善地法《だいふぜんぢほう》
5. 小煩悩地法《しょうぼんのうぢほう》
6. 不定地法《ふじょうぢほう》

随分大仰な名前がついているが、わかりやすく説明していこう。

1. 大地法

大地法とは、心《しん》があれば必ず一緒に起こってくる心所のこと。心にぴったりと寄り添って離れない密着型の心所である。心というものは、私たちが生きている間、一瞬たりとも休むことなく常に起こっている。寝ていようが気絶していようが、どんな場合でも心は起こっているのである。ただし瞑想修行を続けていると、場合によってはその心が起こらなくなって、「心も心所もない肉体だけの状態」になることもあるというが、今はそういう特殊な場合は考えない。第四章で「無想定《むそうじょう》、滅尽定《めつじんじょう》、無想果《むそうか》」というものを取り上げるが、そこでそういった状態のことを説明するので詳しくはそちらを見ていただきたい。

普通に暮らしていれば、心はいつでも起こっている。したがって、その密着型の心所も、心に従っていつでも起こっている。こういう心所のことを大地法と呼ぶ。「おおもとの土台となる心所」といった意味である。大地法は一〇種類あるが、そのすべてが、すべての瞬間に起こってくる。どんな人にも起こってくる。私のような凡人にも起こるし、シャカムニのような悟った人にも起こる。したがって大地法は、それが起こっていてもなんの問題もない全くニュートラルな心所である。

たとえば大地法の第一番目は「受《じゅ》」である。「受」とは感受作用のこと。根を通じて心に生じてくる写像の受け取り方である。その中身は「楽」と「苦」と「不苦不楽《ふくふらく》」の三種ある。たとえば暑い夏の盛り、冷たいかき氷（宇治ミルク白玉など）を食べると、「楽」という「受」が生じる。なぜならそのかき氷は私にとって「好ましい性質を持つもの」だからである。一方、吹雪の日の氷雪は、同じ冷たい物質でありながら、「苦」という「受」を生む。それはそういった状態での氷雪が私にとって「厭《いと》わしい性質を持つもの」だからである。このように認識器官を通してもたらされる「好ましい性質を持つもの」「厭わしい性質を持つもの」「どちらの性質も持たないもの」の情報が、それぞれに「楽」「苦」「不苦不楽」という「受」を、私たちの内部に生み出すのである。

こういった私たちの生命活動に不可避の内的活動を一〇種に分けて考えたのが、この大地法という心所である。もう一度念を押すが、この大地法はどんな時にも起こっている。したがってたとえば「受」なら、私たちが熟睡している間もずっと、三種の「受」のうちのどれか一つが起こっている。自覚していなくても、各瞬間に、私たちは「楽」「苦」「不苦不楽」という三種類のどれかの感受作用を起こしながら生きているということである。

「受」という一つの心所に、「楽」「苦」「不苦不楽」の三種類があると言った。このことからわかるように、一つの心所であっても、その現れ方には区別がある。言ってみれば、一本のタコの足の先にある豆電球が灯《とも》る際に、ほんわか柔らかく光る場合もあるし、ぎらぎら照り輝く場合もあるということである。たとえば大地法の第六番目に「慧《え》」というものがある。漢字から見てなんだかとても良いもののように思えるが、決して根っからの善玉ではない。大地法だから、本質はニュートラルである。その定義は「諸存在を分析すること」とされている。しかし、ほかのよからぬ心所と一緒に起これば、その分析によって得られた見解は「誤った見解」になる。逆に良い心所と一緒に起これば「悟りへ向かうための智慧《ちえ》のパワー」として働くこともある。このように一個の心所であっても、ほかの心所との相互関係の中で、違った性質を持つことになる。心所の作用は必ず、それと同時に起こっている、心およびほかの心所との相互作用の中で決まってくるのである。しかしどんな灯り方をするにしろ、心がそこにある限り、大地法一〇個の心所の豆電球が消えることはない。

大地法の中で特に重要なものをもう一つだけ紹介しておく。「思《し》」という心所である。思とは「意図をもって動作すること」と定義される。つまり「意思作用」である。なぜこれが重要なのかというと、「業《ごう》」の発生源だからである。

インド世界には業という独特の因果観がある。「善いことをすれば、将来好ましいことが起こる」「悪いことをすれば、必ず嫌なことが起こる」という因果応報の思想である。「悪いことをすると地獄に堕ちるぞ」といった考えはその典型である。これは仏教が誕生する前からインド社会に広く定着していた考え方だが、仏教もそれを取り入れた。ただし単純に「善いことをすればいいことが起こるのだから、毎日善いことばかりしましょう」という訓話ではない。仏教はそれを非常に特殊な倫理観でとらえるのである。

「善いことをすると、その業の結果として私たちは将来、うれしいところに生まれる。悪いことをすれば、嫌なところに生まれる。どちらにしろ、業は私たちをどこか別の生まれへと引っ張っていく。しかしそうやって次々に生まれ変わっていくこと自体が苦しみの根源なのだから、業は善かろうが悪かろうが絶対的な意味で悪いものだ。だから私たちはすべての業の影響力から抜け出して、二度と生まれ変わることのない静寂な状態を目指さねばならない。それこそが仏道修行の道である」

これを見てわかるように、仏教にとって業は最大の関心事であり、業のパワーをどうやって克服するかが仏教の一番の課題である。私たちを未来の生まれ変わりへと引っ張っていく業の力から、どうやって逃れるか。そこにシャカムニが説いた仏教の眼目がある。そして、その業の本性が、この思という心所なのである。

思は意思作用であるから、なにかをしようと思い立った時に強く働く。大地法なので四六時中作用してはいるのだが、特になにかをしようと思い立った時にそのパワーが強くなるのである。もしそれが「テレビのスイッチをつける」とか「切符を買う」といった善くも悪くもない行為なら、なにも問題はないが、「困っているお年寄りを助けよう」とか「銀行強盗してやろう」といった、善し悪しがはっきりしている行動をとると、その時の思が業をつくる。どうつくるのかというと、そういう思いを持っただけで「しようと思ったことによる業」がつくられるし、実際に行動すると、今度は「思が、行動している時の身体や言葉によって影響を受けてつくる業」ができる。

どういうかたちであれ、業の主体は「思」である。そして思が業をつくると、そのパワーは特殊な遠隔力で未来に届き、これから起こってくるであろう未来の出来事を決定する。業は未来の出来事の予約券である。善い業はいい結果を予約し、悪い業は嫌な結果を予約する。あくまで予約であるから、すぐにその結果が現れるわけではない。しかしいったん予約した以上は、いつか必ずその結果は現在に姿を現す。銀行強盗をした時の思が業となって「地獄に堕ちている私」という出来事が予約され、それがいつか必ず実現する、というシステムである。この業の予約システムを一手に引き受けているのが心所の思なのである。業の善悪の意味についてはこのあとの「大善地法」の項でさらに詳しく説明する。今は、大地法の一つである思が、その本性だということだけ指摘しておく。

2．大善地法

心所の区分の二番目、大善地法とは、「善い心」が必ず引き連れている心所のこと。これも一〇個ある。この大善地法の一〇種の心所は、先の「大地法」と同じく、どんな場合も必ずワンセットで起こってくる。ただし大地法のように、いつでも起こっているわけではない。したがって、起こる時は必ずすべてが起こり、起こらないときは一つも起こらない、ということになる。

大善地法は、善い心に伴われて起こってくる。ではその、大善地法を伴う「善い心」とはなにか。「善い心といえば、善いことを考えている心に決まっているではないか」というのは現代人の答。『倶舎論』のような仏教哲学では、言葉の端々まですべては定地法の心所を伴った心《しん》のことである。『倶舎論』が言う「善い心」とは、ここでいう一〇種の大善地法の心所を伴った心のことである。なんだかどうどうめぐりのように聞こえるが、タコの図で考えれば事は簡単である。

真ん中にあるタコの頭が心である。この心というものは根から入ってきた刺激をそのまま投影するニュートラルな写像だから、それ自体に善いとか悪いといった区別はない。青の極微を見れば、そこには単に青の極微の写像が映るだけだし、ケーキを食べれば甘みの写像が投影される。それだけのものである。したがって本来は「善い心」とか「悪い心」などというものはあり得ないのである。しかし、その心には必ずなんらかの心所がくっついてくる。タコ足の豆電球である。その中に、「善い性質を帯びている心所」と「悪い性質を帯びている心所」と「ニュートラルな心所」があり、どの心所がどういった組み合わせで生じているかによって、心本体も善になったり悪になったりニュートラルになったりする。そういう、「朱に交われば赤くなる」状態になっている心を、心所と一体化して「善い心」「悪い心」「ニュートラルな心」と呼ぶのである。

そしてこの大善地法の一〇種の心所こそが、私たちが「善い心」を起こすための必須アイテム。大善地法を伴って起こってくる心が「善い心」であり、「善い心」と言えば必ず、大善地法がそこに付随しているのである。

＊　＊　＊

「善い」「悪い」という言い方が出てきたので、少し話は逸れるが、ここで仏教の善悪観について説明しておこう。

科学的世界観を語る際に、「善い」とか「悪い」といった基準はあまりなじみがない。「善いブラックホール」とか「悪い元素」などという言い方はしない。しかし同じ科学に関連する分野でも、それが科学技術になると「善い発電方法」とか「悪い放射線」といった価値判断が入ってくる。なぜかといえば、そのものごとが私たち自身のあり方に影響を与えるからである。考察の対象をどう扱うかが自分自身の生活に直接関わってくる時、私たちはその対象に「善い」とか「悪い」といった価値判断をつけるようになる。仏教とは、私たち自身のあり方を現在よりも善い方向に変えていくために存在する宗教であるから、当然その価値基準には「善いもの」と「悪いもの」の区分がつけられる。仏教の目的に役立つものは「善いもの」で、それを阻害するものは「悪いもの」である。ではその「仏教の目的」とはなにか。

急に話が本質的になってきたが、これは心所を語るためには避けて通れない議論である。シャカムニが考えた仏教の目的は、決して一般的な意味での「善い人になること」ではない。仏教の目的は、心・心所内部の悪い要素をすべて断ち切って、世の有り様を正しく見ることのできる透徹した智慧を身につけることである。その心・心所内部の邪魔な要素を煩悩という。煩悩が心・心所内に決して起こらないように自己改造すれば、その結果として最高の智慧が得られるということである。ではその最高の智慧が得られるとどうなるのかというと、智慧のおかげで私たちは、愚かさに基づく間違った行為をしなくなる。そして間違った行為をしなくなれば、業の束縛から逃れることができるのである。

「思」の説明で述べたように、私たちが業をつくると、それが持つ「特殊な力」によって私たちは死んでも死んでも、次の生に生まれ変わってしまう。つまり輪廻《りんね》である。「輪廻して何度でも生まれ変われるのなら幸せではないか」と考える人も多いと思うが、シャカムニはそれを、とんでもない究極の苦しみだと考えた。生まれても生まれても、また年をとり、病気になり、苦しい思いをして死ぬ。この世に救済者などいないのだから、何度生まれても誰も救ってくれない。そんな無限連鎖のサイクルが果てしなく続くとしたらこれ以上に苦しいことはない。もしもこの世に究極の安楽があるとしたら、それは、そういった輪廻の苦しみを断ち切って、二度とこの世に生まれてくることのない、時間の流れから離脱した、ひたすら静謐な状態になることではないか。「静かに安定すること」、それがシャカムニが目指した最終目標である。

心・心所の中に含まれている煩悩を断ち切り、業の因果則から脱出し、輪廻の連鎖を止めることが仏教の目的なのだから、そのために役立つことが善である。それだけが善である。輪廻を止めることに役立たないことはすべて、善ではないのである。たとえば坂道で重い荷車を「うんうん」言いながら引っ張り上げているお年寄りがいたとする。この人を助けるのは世間的に言えば善である。それは誰でもそう思う。しかしシャカムニの視点から言えば、それは善ではない。なぜなら人を助けることは善い業を積むことだからである。

業というものは、それが善業であろうが悪業であろうが必ず輪廻の原動力として働いてしまう。そのお年寄りを助けて後ろから荷車を押してあげると、押した方の人は善業が増加し、そのおかげで来世には幸せな天の世界に生まれるかもしれない。しかし、天に生まれて神になったところで、それもしょせんは輪廻の一環にすぎず、時がたてば寿命がきて苦しみながら死に、また別のところに生まれ変わっていく（神もただの生き物である）。結局は、人助けが輪廻を助長する。したがってそれは輪廻を止めることには役立たないのだから、善ではないということになるのである。

つまりこういうことである。一般社会には道徳的な善悪というものがあり、誰もが認める公共の基準として「善いこと」と「悪いこと」が決まっている。もちろん俗世の中にもいろいろな価値観があって、一元的に善悪の定義が決まっているわけではない。しかしたとえば、困っているお年寄りを助けるのは、一般的通念に従えば間違いなく「善」である。そしてこの世の因果法則に従えば、善いことをすれば善い業が増加し、そのパワーによって将来、好ましい結果を手に入れることができるし、悪いことをすれば嫌な結果を受け入れねばならない。だが、その好ましい結果というのはあくまで世俗的なレベルの話であって、たとえば来世で楽なところに生まれるとか、お金持ちになるといった話である。嫌な結果の代表例は地獄に堕ちることである。私たちは普段、こういった価値観の世界で生きている。しかしこのような世界に閉じこもっている限りは、いつまでたっても輪廻の連鎖を断ち切ることはできない。善いことをしても悪いことをしても、輪廻は止まらない。したがって「輪廻の停止に役立つことだけが善だ」という仏教本来の基準から言えば、どちらも悪である。仏教的基準から言えば、煩悩を断ち切るために行う特別なトレーニングの道、世に言う「仏道修行」が真の善であり、さらには、その仏道修行の先にある「涅槃」こそが究極の善、ということになるのである。

ここには非常に特殊な善悪の二重構造が考えられている。大乗仏教になると、この二重構造が崩れて「ブッダとなるために世俗的な善行を積む菩薩《ぼさつ》」というイメージが鮮明に打ち出されるようになるが、シャカムニ本来の仏教にそういった聖と俗の折衷性は見られない。世俗的な善悪と、煩悩を消して輪廻を止めるための本当の善とは明確に区分されていたのである。

このようなことを言うと、「道で困っている人を見ても助けないとは、なんと冷酷なことを言うのか」と批判されるかもしれない。しかし決して「助けるな」と言っているのではない。それが善業になるような状態で助けてはならない、と言うのである。私たちが善業や悪業をつくる、その起動力は大地法の中の「思」、すなわち「意思作用」だと言った。それが極度に強く作用する時、善業、悪業をつくる。したがって、強い意思作用を起こさずに事を行うことができれば何をしても問題はない。「おっ、困っている人がいるぞ。よしここはひとつ私が力を貸して助けてやろう」といった強い気持ちを持っていると、思が善業をつくる。そういうことを一切思わず、歩いたり坐《すわ》ったりするのと同じ状態で荷車を押すことができれば、業にはならない。そのかわり、業と無関係に行うのだから、いくらたくさんそういう行為を積み重ねても自分の将来には全く関わってこない。天界に生まれることも金持ちになることもない。「善意の自覚がなく、見返りも期待しない、そんな状態に自己を保つことができるならいくらでもおやりなさい」ということである。『倶舎論』は「善」という言葉が持つ甘ったるい虚栄のベールを徹底的に剝《は》ぎ取ったところに本当の善を見ていたということが言えるであろう。

＊　＊　＊

善悪の二重構造を説明した。メインは言うまでもなく高次の善、つまり煩悩を断滅するのに役立つことがらである。さてそこで心所の説明に戻ろう。一番目が大地法で二番目が大善地法であった。その大善地法は、「必ず善い心とともに起こってくる一〇種の心所」であった。そこでもう一度、その「善い心」の「善い」という意味を問わねばならない。それは世俗的な意味での善なのか、それとも高次の善なのか。答は、「両方兼ねる」である。私たちが仏教のことなどなにも知らずに、普通の暮らしをしていたとしても「善い心」は起こる。ただしその時は、この世の本質を見通す智慧が欠如しており「煩悩を滅して涅槃に到達することが正しい道だ」という自覚がないので、ただ単に「善いことをしてよかった」「悪いことをしてまずかった」といった気持ちだけで生きている。このような、「煩悩との関わりを断ち切ろう」という仏教の本道に踏み込んでいない状態を「有漏《うろ》」と呼ぶ。したがって世俗的な意味での「善なる心」は「有漏の善心」と呼ばれる。「有漏の善心」は、業をつくってしまうので、輪廻の原動力になる。世間的には良いものだが、仏道修行の立場から言えば好ましいものではない。もちろん、有漏の善心から出発して、やがて仏道修行の道へと入っていくのであるから、土台としての有漏の善心には大いなる価値があるのだが、そこに留まっている限り、完全に煩悩を消すことは決してできないのである。

これに対して、いったん仏道の本質を見通して、「煩悩を消すことにこそ真の正しさがある」と自覚した者は、煩悩を消すための道に踏み込んでいく。そのような状態は「有漏」の反対で「無漏《むろ》」という。そのような人が起こしている「善い心」は「無漏の善心」である。誰でも起こす有漏の善心ではなく、仏道修行によってしか得られない無漏の善心を起こし、どんどん煩悩を消していって、最後には輪廻しない存在になること、それが仏教の基本的骨格なのである。したがって「無漏の善心」を起こしても業は増加しない。逆に業の影響を減少させることに役立つ。そしてそれが最終的に輪廻を停止させるのである（『倶舎論』には「無漏業」という呼び方もある。無漏なのに業とはおかしな言い方である。しかしその場合の業は、決して世俗的な意味での善業、悪業ではない。単に「無漏なる心所や、それに付随する作用」といった意味合いである）。このように、善心には有漏、無漏の違いがあるが、どちらが起こっている場合でも、必ず一〇種の心所が付随する。それが大善地法なのである。

3．大煩悩地法

大地法と大善地法を紹介した。次の区分は大煩悩地法である。これは六つある。大煩悩地法という名前からしていかにも悪そうだ。「きっと悪い心に付随して起こってくる心所のことだろう」と推測された方は素晴らしいが、残念ながらちょっと違う。もちろん悪い心には付随してくるのだが、ニュートラルな心とともに起こってくることもある。その仕組みを少しご紹介しよう。複雑な話ではない。

仏教は心・心所のあり方を善、悪、ニュートラルの三種に分ける。その善、悪の概念が、世俗的善悪と、高次の善という二重構造になっていることは今説明した。ここでちょっとだけ用語の修正をする。今まで「善い心・心所、悪い心・心所、ニュートラルな心・心所」といった言い方をしてきたが、まさか『倶舎論』で「ニュートラル」などという用語が出てくるはずはない。「ニュートラル」のことは仏教用語で「無記《むき》」という。「善とも悪とも説明できない」という意味である。したがって善でも悪でもない心・心所は「無記の心・心所」というのである。「善、悪、無記」の三分類も憶えておいていただきたい。

ちょっとまとめておこう。私たちの心・心所には「善、悪、無記」の三種の状態がある。心そのものは単なる刺激の投射であるから善も悪もない。原理的には無記である。しかしそこに様々な心所が、様々な状態をとって付随してくる。その心所の現れ方に「善、悪、無記」の三種類がある。たとえば大善地法の一〇種の心所がセットになって起こっている時の心・心所は全体として「善だ」と言われる。悪の条件となる心所が付随していれば、その心・心所は悪である。善・悪どちらの心所も起こっていない場合はニュートラル、つまり無記な心・心所ということになる。その善、悪、無記なる心・心所だが、善なる心・心所には二種類がある。世俗的な次元での善なる心・心所と、高次元での善なる心・心所である。もちろん仏教語で言えば有漏善の心・心所と無漏善の心・心所である。

一方、無記の方だが、それはニュートラルすなわち中性だから、言ってみれば「特別なことを考えず、淡々と過ごしている状態」を指す。私たちが切符売り場で電車の切符を買っている時などは、心・心所は無記である。それは善でも悪でもない。ここまではよくわかる。ところが『倶舎論』では、その無記をさらに二つに分けて考える。「悪に近い無記」と「正真正銘の無記」である。無記といえば中性なのに「悪に近い無記」とはおかしな話だ。「悪に近い」のなら悪ではないのか、と思われるであろう。確かにそうなのだが、私たちが起こす心・心所の中には、業をつくって輪廻を後押しするほど強力ではないが、無漏の善心が起こることを妨害して、仏道修行の邪魔をする、やや弱めの煩悩というものがある。典型的な例が「私の我は実在する」という誤った見解である。これを「有身見《うしんけん》」という。多くの人たちは「私というものは間違いなく実在している」という有身見にとらわれながら暮らしている。それは決して「悪い心・心所」ではないが、「無我」を説く仏教の教えに逆行する間違った考えである。この見解にとらわれている限り、「無我」という真理は見えてこない。つまり仏道修行の障害物である。

このように、悪というほどではないが、仏道を歩むためには必ず消さねばならない、好ましからざる状態の法を、同じ無記でも「有覆無記《うふくむき》」という。これが「悪に近い無記」である。「煩悩の覆いがかかった無記」という意味である。今言った有身見は、心所の法でいうと大地法の中、「慧」に含まれる。先にも言ったように、一つの心所であっても、ほかの法との関連性の中でいろいろな状態をとるが、有身見は、慧が「我に固執しているものを考える」状態になっている時の名称である。そして有身見状態の慧が起こっている

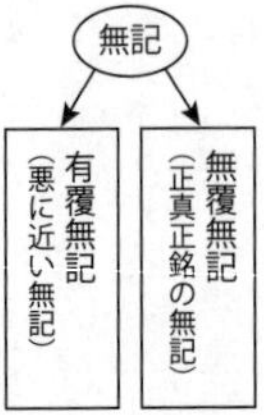

図2-2　二種類の無記

と、その時の心・心所は全体として「有覆無記なる心・心所」と言われるのである。

これに対して、ただ純粋にニュートラル状態で暮らしている者の心・心所は「無《む》覆《ふく》無記」と言われる。有身見のような間違った見解を持っていない人が、普通に歩いたり話したりしている時の心・心所は「無覆無記」である（図2-2）。

二種類の無記について説明した。有覆無記は、いってみれば「心所の中にほのかな煩悩が起こっていて、少し悪に近いニュートラル状態」。無覆無記は「完全なニュートラル状態」である。ここで注意すべきことは、有覆無記の「ほのかな煩悩」は決して「弱い煩悩」ではないということである。むしろ逆で、ほのかな煩悩ほどしつこくつきまとう。誰が見てもはっきりわかるほど悪い煩悩なら、力まかせに「えいやっ」とつぶすこともできるが、あるかないかわからないような柔らかい煩悩だと捕まえようがない。したがって仏道修行では、悪なる煩悩よりも有覆無記の煩悩の方があとまで残るので、それを消してはじめて本当の悟りに達することができる、という。当時の仏教修行者が、人の心理をよく観察していた証拠である。

＊　＊　＊

ようやくこれで、大煩悩地法の説明ができるようになった。大煩悩地法とは、「悪なる心・心所と、そして有覆無記なる心・心所に必ず付随する六種の心所」である。無明《むみょう》、放逸《ほういつ》、懈怠《けだい》、不信《ふしん》、惛沈《こんちん》、掉挙《じょうこ》の六種である。この六つは必ずワンセットになって起こってくる。そしてそれが起こっている時、その心・心所全体は「悪なる心・心所」か、または「有覆無記なる心・心所」と言われるのである。悪と有覆無記を合わせてひとことで言う方が便利なので、そういう呼び名もある。悪と有覆無記を合わせて「染汚《ぜんま》」と呼ぶ。したがって、大煩悩地法の定義は「染汚なる心・心所に必ず付随する六種の心所」と言い換えることもできる。しかしあまり専門用語ばかり使い出すとかえって混乱するので、この本では今までどおり、「悪」「有覆無記」という二本立てでいく。覚えたい人は、「その二つを合わせて染汚と呼ぶ」と覚えておいていただきたい。

「悪」「有覆無記」という、いずれにしろ私たちにとってよくない状態をもたらす、これら六つの心所は、すべて「煩悩」である。「除夜の鐘で一〇八の煩悩を払う」などと、日本人にもなじみの深い「煩悩」という言葉だが、その正体はこれである。これが「煩悩とは一体なんだ」という疑問に対する具体的な説明である。ただし、煩悩はこれだけではない。一〇八もあるというのだから、当然、まだほかにもある。

本書はあくまで『俱舎論』が語る世界観、宇宙観を紹介するものであって、煩悩を消すための修行の方法にまで踏み込むものではないから、そういった煩悩の一々を説明することはしない。ただ大枠だけは簡単に示しておこう。『俱舎論』では、煩悩にも上下二種類があって、ベーシックな煩悩と、付随的煩悩があるという。ベーシックな方を「随《ずい》眠《みん》」といい、付随的煩悩を「随煩悩《ずいぼんのう》」という。仏道修行の本筋は、そのベーシックな方の随眠を消すことにあって、随煩悩の方は随眠を消せば自ずから消滅する。この随眠という煩悩は全部で六つある。並べると、貪《とん》、瞋《じん》、癡《ち》、慢《まん》、疑《ぎ》、見《けん》である。この六種を、段階を追って少しずつ消していって、最終的には二度と起こらない完全消滅の状態にまで持っていく。そこに悟りの境地がある。

そこで、この六種類の随眠であるが、これがイコール大煩悩地法というわけではない。随眠と大煩悩地法は、定義の違う別個の分類である。大煩悩地法というのは、「悪い心」や「有覆無記な心」が起こる際に、必ずそれに付随して起こってくる煩悩系心所を意味する。つまり「しょっちゅう現れる煩悩」である。しかししょっちゅう現れるからといって、それが「おおもとの煩悩」というわけではない。ほかのいろいろな煩悩の「おおもと」でありながら、自分は時たま顔を出すだけ、ということはいくらでもあり得る。したがって、大煩悩地法の中の多くは随眠ではなく随煩悩である。そして随眠の方は、その多くが、このあと説明する不定地法（その時々でいろいろな状況において起こってくる心所）に含まれている。不定地法に含まれる随眠は、貪、瞋、癡、慢、疑、見のうちの貪、瞋、慢、疑の四つである。残り二つのうちの「癡」は別名「無明《むみょう》」ともいって、これは大煩悩地法に含まれている。したがって癡は、随眠と大煩悩地法の両方に属する唯一のケースである。そして最後の一つ「見」は、先にも言ったが、大地法の一つである「慧」がよからぬ状態を取った時の呼び名であるから、本質は「慧」である。いささか煩瑣な説明になったが、ともかく大煩悩地法を随眠と混同して、「おおもとの煩悩」という誤った理解をしないようご注意いただきたい。あくまでそれは、「しょっちゅう現れる煩悩」を指しているのである。

この大煩悩地法の一つであり、同時に随眠の一つでもある「無明」こそが煩悩の親分である。「無明」とは、私たちが世のものごとを正しく観察し、正しく理解することを妨害する、悪質な愚かさを指す。そしてこの無明が、私たちの苦しみの一番おおもとの原因だとされているのである。無明のせいで世の中を自分に都合よくねじ曲げて考える。そのせいで私たちは、間違ったことを考え、してはならない行動をとる。そしてそれが業を生み、私たちを輪廻させる。無明こそが、あらゆる煩悩のおおもとであり、苦しみの根源である。無明（癡）を含む六種の随眠を修行によって断ち切り、それによって随煩悩も消す。それが「煩悩を消す」ということなのである。これで大煩悩地法の説明を終わる。

このあとさらに「大不善地法」「小煩悩地法」「不定地法」といった種類の心所が続くが、いちいちの細かい説明はやめる。大枠の原則はもう言ったので、簡略な説明にとどめておく。

4．大不善地法

「不善」とは「悪」のこと。したがって「大不善地法」とは、悪なる心・心所に必ず含まれてくる心所である。先に説明した大煩悩地法は、悪なる心・心所かあるいは有覆無記なる心・心所に必ず含まれてくると言ったが、この大不善地法は悪なる心・心所にのみ必ず含まれる。したがって、悪なる心・心所は必ず大煩悩地法と大不善地法の両方をすべて含むことになる。具体的には「無慚《むざん》」と「無愧《むき》」の二つである。意味は「無慚」が「立派なことがらを重んじない気持ち、あるいは自らを省みて恥じない気持ち」、「無愧」が「罪を恐れない気持ち、あるいは他者とひきくらべて恥じない気持ち」。つまり「厚顔無恥」である。

5．小煩悩地法

一〇種ある。悪なる心・心所と有覆無記なる心・心所に含まれるが、大煩悩地法や大不善地法のように全部が揃って生じるのではなく、一〇種の中のどれか一つだけが生じる。一つも生じないこともある。あまり細かく言うとかえって理解を妨げるのでこれ以上は言わないが、要するに、そういった心・心所に、単発で時々起こってくる気まぐれタイプの煩悩である。

6．不定地法

八種ある。いままでの心所はみな、「どういった種類の心・心所に付随して起こってくるか」を明確に限定することができたが、この不定地法は、どういう種類の心・心所に、どういう頻度で起こってくるかを限定できない。その時々でいろいろなところに起こってくる心所である。この中に、貪などの随眠も含まれていることはすでに言った。ほかにも悪作（後悔）や眠（身体を支えられない、心の縮こまり）といった作用が含まれている。

心所の分類説明を終わる。注目すべきは、それが善とか悪とか無記といった倫理的な基準で分けられているという点である。色法の場合は「認識する色法」と「認識される色法」というように、事の善悪ではなく客観的な基準で分類されていたのに対し、心所は事の善し悪しで分けている。その理由は言うまでもなく、この心所の中にこそ、仏道修行によって完全に抹殺しなければならない悪要素、つまり煩悩が含まれているからである。どれが消すべき煩悩で、どれが消さなくてもよい善良な要素か、それを峻別《しゅんべつ》することがなにより重要な分類の目的である。そのため、善悪が分類基準になるこの心所の分類こそが、『倶舎論』の旗印である「存在の分析」の要となっているのである。

三　心・心所の動き方

いささかおおまかではあるが、心と心所の全体を見通した。もう一度おさらいすると、認識器官である「根」を通して流れ込んでくる刺激が心という写像を私たちの内部につくり出し、それと同時に、その心と共同して働く様々な作用が心所として起こってくる。その心所には、善い、悪い、どちらでもない（無記）といった性質がついてくるので、どういった心所と一緒に起こってくるかによって、心自身も善くなったり、悪くなったり、無記になったりするのである。

六つ目の根

さてこれで、心・心所の基本構造が明らかになった。タコの図は頭に入っただろうか。ではいよいよこれを動かしてみよう。そう、心・心所は動くのである。まず、真ん中のタコ頭、つまり心の本体だが、これを大きな電球だと思っていただきたい。電球だからそれは光る。しかもそれは、六色に光る。赤でも青でも、どんないろでもよいが、とにかく六種類の違ったいろに光ることのできる電球である。そして最も重要なことは、ある瞬間には六色のうちの一色にしか光らないということ。二つ以上のいろが同時に現れることはない。赤なら赤一色、青なら青一色である。そしてそのいろは瞬間ごとに変わっていく。…→赤→青→黄→緑→青→…などという具合に六色がランダムに次々と現れる。…→赤→赤→赤→赤→赤→…というように、同じいろが連続で現れることもある。ともかく、タコの頭は、瞬間ごとのものすごいスピードで、そのいろを変えていくのである。

さきほどから「瞬間」という語をよく使っているが、それは漠然とした「短い時間」という意味ではなく、ある決まった長さの時間単位を意味している。その単位のことを仏教語で「刹那《せつな》」と言う。一刹那は、今で言うところの、およそ一〇〇分の一秒に相当する。タコの頭は、その刹那ごとにいろを変えるのである。「目にも止まらぬ速さで変化する」と言ってもいいだろう。

「刹那ごとにいろを変えるタコの頭」とは一体、何を意味しているのか。このタコの頭が心であることはすでに言った。ということは私たちの心は、刹那ごとに、六つの違った状態のどれか一つを次々に取り続けているということである。それをここでは「次々に、六色のうちのどれかのいろで光る」と表現しているのである。その、次々に現れる六種の状態が何を意味するのかというと、六つの根を通してもたらされる六種類の写像である。六つの根を通して流入する刺激に対して起こる六種類のニュートラルな写像、それがここでいう「六色」の意味である。

読者のみなさんはここで「おやっ」と思われるはずである。今まで「根は五種類だ」と言い続けてきた。眼、耳、鼻、舌、身の五種類。その五種類の根を通じてもたらされた外界からの刺激が、私たちの内部に写像をつくる。それが心だと言った。それなのに今突然、「六つの根」と言い出した。その一つ増えた、六番目の根はなにかというと、それは「意根《いこん》」というものである。なぜ今まで言わなかったのかというと、この意根は物質（つまり色法）ではないからである。

この本では最初に色法のあり方を解説し、それに続いて内部世界（心・心所）の構造と作用について語っている。最初が色法だったので、色法の根しか紹介できなかった。私たちの肉体上に存在している眼、耳、鼻、舌、身の五根である（したがって、この五根を五色根とも言う）。しかし本当は、この五根のほかにもう一つ、物質ではない根があって、それを意根というのである。ではその、第六の認識器官である意根とはなにか。それは心である。ここで大方の読者は混乱する。根を通じて内部にもたらされる写像のことを心と言った。その根は、物質の五根プラス意根の六根だという。で、「その意根とはなにか」と尋ねたら答えは「心」だという。心がだぶって用いられている。一体これはどういうことなのか。

私たちが外界にある色法を「目で見る」場合には、必ず眼根という感覚器官を通して見ることになる。しかし私たちがなにかを「思い出す」場合はどうか。なにかを「予想する」場合はどうか。なにかを「思考する」場合はどうか。そういった外界からの刺激ではない、なんらかの内的なものを対象として心・心所が作用する場合には、具体的な根というものがない。しかし根という接続装置を通さずに、心という写像が突然生じてくるのも納得できない。そこで『倶舎論』は、内的なものを対象として心・心所が作用する場合にも確かに根はある、と考えた。ただしそれは眼根や鼻根のような物質ではないのだから体の外面にあるはずがない。特定の場所は占めないが、必ず内部にあるはずだ。そこでこのように考えた。「内的な対象の写像として心が生じてくる場合の根はどこにあるかというと、それは、その心よりも一刹那前の心が根として働くのだ」。つまりある刹那の心が根として作用することによって、次の刹那の心が生じてくるというのである。連続して起こってくる心の流れを、「前の刹那の心＝根、次の刹那の心＝その根によって生じる認識」という二刹那ワンセットの組み合わせと見ることで、認識器官と、その器官によって生じてくる写像の関係を説明したのである（図２－３）。意根という、新たに紹介した六番目の根のことを忘

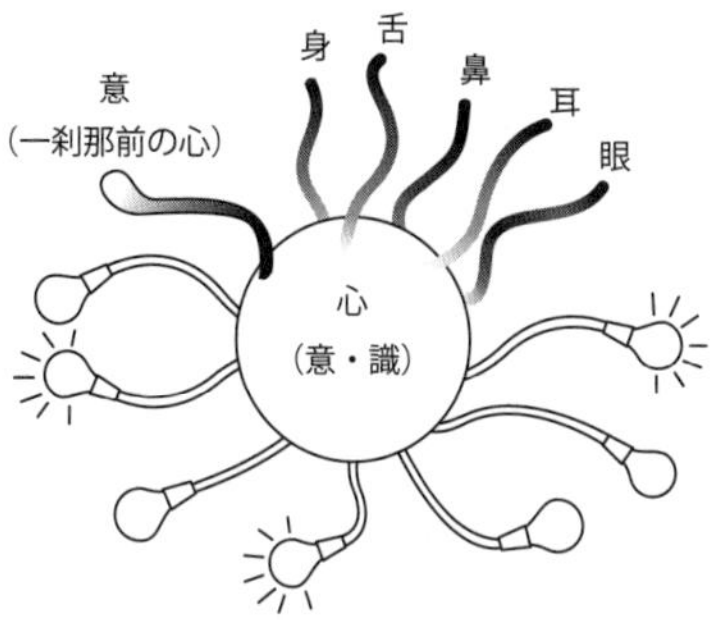

図２－３　六つの根も含めたタコの図

れないでいただきたい。

同時認識性

こうして六種類の認識器官と、それによって起こる六種類の認識が揃った。その六種類の認識のことを六識という。外界の「いろ」や「かたち」が眼根に刺激を与えて生じる心を「眼識《げんしき》」という。今で言うなら視覚である。外界の「音」が耳根に刺激を与えて生じる心が「耳識《にしき》」、「香」が鼻根に刺激を与えて生じる心が「鼻識《びしき》」、「味」が舌根に刺激を与えて生じる心が「舌識《ぜっしき》」、「触感」が身根に刺激を与えて生じる心が「身識《しんしき》」、そして（要注目！）、「その他のあらゆる存在、時間を越えてこの世に存在するあらゆる存在」が、「意根、すなわち一刹那前の心に刺激を与えて」生じる心が「意識」と呼ばれるのである。これでまん中の電球の六色すべてが揃った。眼識、耳識、鼻識、舌識、身識、意識である。ここで言う意識こそが、現代で言うところの「意識」の語源である。それは本来、決して consciousness の訳語として用いられるべき言葉ではなかった。「私たちが、肉体上の五感のどれによっても認識できないような対象を認識するもの」、それが意識という語の本当の意味なのである。

意根を組み込んだ認識のシステムは、今まで語ってきた説明よりも、実はもう少し複雑である。意根も含めて、根と識の関係をもう一度説明し直そう。タコの頭には、肉体上にある眼、耳、鼻、舌、身という五つの感覚器官（根）から五本のワイヤーが延びており、また、一刹那前の自分自身（意根）からもワイヤーがつながっている。そのタコの頭がたとえば眼識のいろいろに光っているとすると、その時には眼根からの情報だけがワイヤーを通って流入していることになる。耳根から身根まで、このシステムはすべて同様である。今までは意根の存在を考えなかったので説明はこれで十分である。しかし、ここに意根を含めると、少々状況が複雑になる。タコの頭が眼識の色に光っている時、確かに情報は眼根のワイヤーからしか入っていないのだが、一刹那前の意根もまた、その認識の「拠り所」として作用しているというのである。つまり一刹那前の自分自身（意根）がサポーターとしてその眼識を支えていると考えるのである。すなわち、タコの頭が眼識として作用している時には、今現在の眼根と、意根（一刹那前の自分自身）が共同してその眼識を生み出しているのであり、耳識として作用している時は、今現在の耳根と意根（一刹那前の自分自身）が共同してその耳識を生み出している、と考えるということである。そして、タコの頭が意識として作用している時には、ただ一つ、意根（一刹那前の自分自身）だけがその意識を生み出す拠り所になっている。このように、人が起こす六種類の認識のうち、眼、耳、鼻、舌、身の五識については、五つの肉体的感覚器官のそれぞれと、さらに一刹那前の心である意根が共同でその拠り所となり、六番目の意識だけは、一刹那前の意根だけが拠り所になるのである。

「心、意、識」が実は同じ一つの法を指す三つの呼び名だ、と言った理由がこれでわかる。心・心所という区分で言えば、それは心である。一方、次の心が起こってくる一刹那前に、その心の根として作用している段階なら意（意根）と呼ばれる。そして六種類の根それぞれに応じてその写像を映し出している、そのそれぞれの写像を区分して言うなら識（六識）と言われるのである。実体はただ一つ。タコの頭である。

タコの頭は刹那ごとに、六識のうちのどれか一つだけを起こしている。それを喩《たと》えて、「六色のうちどれか一色にしか光らない」と言ったのである。ここが私たちの常識と食い違う点である。私たちは、同じ一つの刹那に、見る、聞く、触るといった複数の認識を同時に起こしていると思い込んでいる。たとえばテレビを見ている時、テレビの画面を見ながら音を聞いているのだから、見ることと聞くことを同時に行なっているのは当然のことだと思ってしまう。しかし『倶舎論』はそれを、違うというのである。同時に行なっていると思うのは錯覚である。本当は一刹那につきどれか一種類の認識しか行なっていない。ただそれが、あまりにも速い速度で移り変わっていくため、同時並行で進んでいるように思えるだけなのである。

私たちの認識が刹那ごとに猛スピードで移り変わっているというアイデアは、実際に仏道修行にはげむ修行者たちの体験から得られたものではないかと思う。瞑想の基本は、あちこち動き回って止まることのない私たちの散漫な注意力をギュッと締め上げて、一点集中させることにある。そのような修行を毎日続けていれば、最初は猛スピードで六識の間を飛び回っていた心が次第に馴《な》らされ静められて一つの識に落ち着いてくる状況が実感として体験できる。そこから導かれた分析が、このような体系を生み出したのだろう。

私たちの神経系にはいろいろ興味深い機能が本来的に備わっているが、その中の一つが「同時認識性」である。ほんとうならば決して同時になど起こっていない現象を、ひとまとめにして「これはみな、同時に起こっているのだ」と思い込む傾向である。おそらく、そうやって認識をひとまとめにしてとらえた方が効率的で、生存競争で有利になるのであろう。六識の場合も、よくよく考えれば『倶舎論』の主張の方が正しい。ニューロンをはじめとした様々な神経細胞が膨大な信号をやりとりする中で、視覚、聴覚といった感覚認識が生じてくるが、厳密に言えば、それらのどれ一つとして、全く同時に起こるものなどない。異なる時間に神経系の異なる場所で起こっている。それなのに私たちの神経機構はそれを統合し、「私たちは同一時刻の状況を多面的に感じ取っているのだ」と思い込ませる。だがそれは錯覚であり、世の真の姿ではない。本当の心の有り様は、『倶舎論』が言うように、時々刻々、六識がリニアに転変していくものに違いない。私たちがもって生まれた様々な錯覚のフィルターをすべて剝ぎ取って、世の有り様を正しく観察しようというシャカムニの思いが、こういった『倶舎論』の考え方にも強く反映しているのである。

こうした同時認識性をどうとらえるかは、仏教の内部でも意見が分かれていて、『倶舎論』とは違う考え方をしたグループもあった。『倶舎論』は、「六種類の認識はすべて異なる時間に起こっている。複数の認識が同時に起こってくることはない」といって、複数認識の同時性を否定したが、その一方で「ある一つの認識が起こってくる時には、その認識に関わるすべての心作用は、その認識と同時に起こってくる」と主張した。一つの認識が起こってくる時に、それをめぐる心の反応もすべてまとめて、同時に起こってくると考えたのである。この点、『倶舎論』は「心の働きの同時性に関しては、一部認め、一部否定していた」ということができる。

同じ仏教でも別の部派では、一つの認識をめぐる種々の心作用は、順を追って次第に起こってくると考えた。たとえば眼識が起こると、その眼識に対する心の作用が第二刹那、第三刹那と順を追って連鎖的に起こってきて、最終的には一〇刹那以上かかってすべての心作用が完結する、と考えたのである。これは心の働きの同時性を認めない、という立場を『倶舎論』以上に徹底した結果だと考えることができる。

同時性の問題は面白い。相対性理論にとって最も重要な概念の一つは同時性だが、その同時性が私たちの脳の機能として設定されているものならば、相対性理論は脳機能を含み込まねば、正当な科学理論として成り立たなくなる。観察対象の同時性は厳密に論じても、その同時性を認識する「認識する側」の考察が曖昧なままなら「半分厳密で半分曖昧な理論」になってしまうし、今はまさにそういった段階で放置されていると思う。『倶舎論』が示す、「認識するものと認識されるものによる分類」をもとにした同時性の問題は、現代科学にとっても、時として重要な示唆を与えるように思えるのである。少し余談が過ぎた。タコの話に戻る。

心・心所の発生要因

刹那ごとにいろを変えるタコの頭が想像できたとして、ではその刹那刹那に、タコの頭から出ている四十数本の豆電球ソケット、つまり心所はどうなっていくのかというと、それは、刹那ごとに、様々にパターンを変えながら、点《っ》いたり消えたりを繰り返すのである。たとえば「大地法」の一〇個の豆電球はずっと点いている。心があれば必ず付随する心所だからである。「大善地法」の一〇個は、時々一〇個が一斉に点く。消える時は一斉に消える。善い心の時には全部点くし、それ以外の心の時にはすべて消えるからである。一方、「大煩悩地法」の六個は、心が「悪」か「有覆無記」の時に一斉に点く。したがって、「大善地法」の豆電球が点いている時は「大煩悩地法」の電球は必ず消えているし、「大煩悩地法」が点いている時は「大善地法」は消えている。このように、心所それぞれが持つ性質に応じて、四十数個の豆電球の点き方にはパターンが生まれる。その

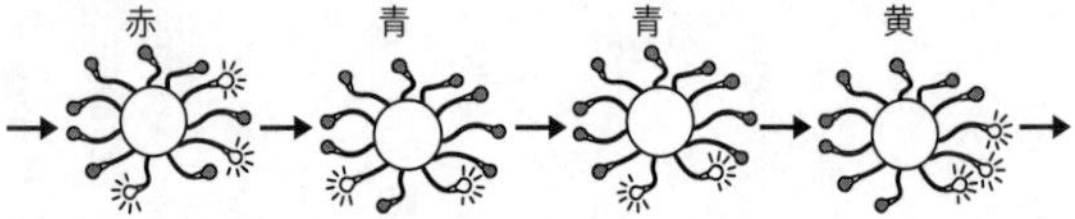

図2－4　刹那ごとに変わっていくタコの図

多数のパターンが、刹那ごとに現れてくる。心・心所をまとめて見るなら、中央のタコの頭が猛烈な勢いでいろを変えていくのに応じて、そこから出た四十数個の豆電球が、それとシンクロしながら様々なパターンで点滅を繰り返す。これが私たちの心・心所の普段の姿なのである（図2－4）。

では、心・心所のそういった起こり方を決定している要因はなにか。ある瞬間に、心がどのいろに光り、それと同時に起こる心所がどういったパターンで現れてくるかを決める要因は一体なにか。それは、様々に絡み合った「原因」である。その瞬間よりも一瞬前の心・心所が主要な原因となることは言うまでもない。だが、一瞬前ではなく、ずっと以前の心・心所の状態も、時間の隔たりを越えて影響を与えることがある。また、根によって連結されている外部世界の有り様も大きく影響する。つまり、網の目のように繋がった、世界の様々な要素が複合的に作用して、特定の心と心所を出現させる。そしてその出現した心・心所自身がまた、後に現れる心・心所の一因として作用するのである。その因果関係はあまりにも複雑であり、その全貌を人智で知ることはできない。もちろんシャカムニは全智の人とされているので、それを知ることも可能だとされているが、あくまで理想論である。私たちの視点から見れば、自分の心・心所が生じてくる過程を厳密に知ることは無理なのである。

煩悩の断ち方

仏教の目的は、そういった不可知な状況で猛烈に転変していく心・心所を抱えながらも、そこに含まれる「煩悩系心所」の発生を永遠に断ち切ることにある。発生状況がわかっていないのに、どうやってその発生を永遠に止めるのか。これは考えてみると大変な難問であるが、答えは、「その心所のソケット自体を破壊する」のである。ソケットにはまっている煩悩系の豆電球を、一時的に光らないようにするのは比較的簡単である。たとえば「怒り」という豆電球が灯らないようにするには、「怒りは悪いことだ。怒りを起こさないようにしよう」と強く念じればよい。そうすればその時には心所の「怒り」豆電球は消える。だがそれは一時的な現象にすぎない。時間がたって心が緩めば、すぐまた怒りは起こってくる。これでは煩悩を永久に断ち切ったことにはならない。煩悩を永久に断ち切るとは、それ以降二度と、その豆電球が灯らないようにすることだから、そのための方法は豆電球がはまっているソケット自体を破壊するしかない。「怒り」のソケットを破壊し、もう決して怒りの豆電球が灯らない状態になってはじめて、「怒りを滅した」と言えるのである。仏教が修行で目指すのはそういう状態である。一時的に煩悩が起こらないようにするだけなら、その辺の「自己啓発本」でも十分だが、それを永遠に断滅するためには根本的な心・心所の改造が必要となる。それは多大なエネルギーと長い時間を要する鍛錬の道となる。それが仏道修行なのである。

心所の中には、それ自体が丸ごと煩悩というわけではなく、ある特定の状態で起こった時だけ煩悩として作用するものもある。たとえば先に紹介した「大地法」の一つ「慧」である。それは本来的にはニュートラルだが、ほかの煩悩心所とタッグを組むと「誤った見解」という煩悩になる。「有身見（私というものは間違いなく実在しているという錯覚）」はそういった「誤った見解」の代表である。したがってそういった煩悩を消す場合にはソケットを完全に破壊するのではなく、ソケットの仕組みを改造して、「誤った見解」という光り方をしないように変えてしまうということになる。

また、その心所が丸ごと全部煩悩であり、ソケットごと破壊してしまわねばならない場合であっても、その破壊を段階的に行うということがある。同じ一つの煩悩でも、それがどういった環境で起こってくるかによって性質が違ってくるので、性質ごとにソケットを段々改造していって、最終的にすべて破壊する、という手順をとるのである。

このように消し方のヴァリエーションはいくつかあるが、原則は一つ。目にもとまらぬ速さで転変していく心・心所のタコ構造において、自分の力でソケットを変形あるいは破壊し、決して煩悩が起こらない状態に持っていくこと。それがシャカムニの思想に基づく仏教の道なのである。

五義平等

この章の最後に一つだけ、用語の説明を付け加えておく。「相応《そうおう》（サンプラヨーガ）」という言葉である。相応といえばごく普通の言葉なので、なんとなくわかった気で読み飛ばしてしまうことも多い。しかし『倶舎論』で「相応」と言ったら、きわめて特殊な意味である。それは「ある刹那の、ある生き物に起こっている心と心所の結びつき」を指す特殊用語なのである。刹那ごとに猛烈な勢いで変化している心・心所を一瞬止めてみる。その瞬間にそこに現れている心（タコの頭）と、そこで光っている何個かの心所（ソケットの先の豆電球）、それらが「相応している心・心所」である。つまり、ある刹那に作用しているタコの頭とソケット豆電球のセット、それが「相応している法」なのである。それ以外の状態の心・心所を「相応している」とは言わない。この原則を昔の人は上手にまとめてくれて、「五義平等《ごぎびょうどう》」という言葉で呼んでいた。「相応という関係は、次の五つの条件を満たした法の間にだけ成り立ちます」という覚え書きである。昔の言い方だが、仏教的雰囲気を味わうため、そのまま紹介しよう。

①所依《しょえ》平等：ある刹那のワンセットの心・心所はみな、一つの同じ根を通してもたら

された写像を基にして起こっている。たとえば私がなにかを「見ている」場合、タコの頭は、眼根を通して「眼識」という認識を起こしている。そしてその刹那には、そこに付随している、まわりのすべての心所もまた、その眼識を対象として起こっているということ。タコの図を思い浮かべれば、まったくあたりまえのこととして理解できる。「所依」とは「認識の依りどころ」という意味で、根のことである。したがって「平等」とは「すべての心・心所がその点で一致している」という意味。「所依平等」とは、「その刹那の心・心所はすべて、根に関して一致している」という意味になる。

②所縁《しょえん》平等：所縁とは「認識の対象領域」のこと。たとえば外界の「いろ・かたち、音、香り」など。ある刹那のワンセットの心・心所はみな、同じ対象に対して起こっている。外界のいろ・かたち、音、香りなどを見ている刹那の心・心所はすべて、その同じ領域を対象として起こっているのである。

③行相《ぎょうそう》平等：行相というのは、タコの頭に現れる具体的な認識対象のこと。たとえば「青」など。まわりの心所はすべて、その一つの写像を対象として起こってくるので、行相も平等である。

④時《じ》平等：大変重要なポイント。相応関係にある心・心所は必ず同一刹那に共存するものでなければならない。タコの図が刹那ごとに移り変わっていく時に、違う刹那

の心・心所どうしは「相応していない」のである。

⑤事《じ》平等：ある刹那の心・心所が相応関係にあるなら、その心はただ一個だけであり、心所も、その種類の心所は一個しか起こらない。これはつまり、「私の内部に、心が同時に二つ以上起こってきたり、同じ種類の心所が同時に二つ以上起こってくることはない」ということを保証する。そしてまた、「私の心・心所と、他人の心・心所は相応していない。つまり全く別個のシステムだ」という言明も意味する。

以上、心・心所の構造と、その動き方について解説した。その中で、刹那という時間単位がきわめて重要な意味を持っていることに気づかれたことと思う。私たちの心・心所は、刹那ごとに別の形へと変化し続けているのである。実はこの「刹那ごとの変化」という現象は、心・心所だけでなく、この世のすべての有為法について起こっている。それを「刹那滅《せつなめつ》」という。「すべての有為法は刹那ごとに生まれ、そして滅していく」という意味である。ここから、『倶舎論』の中でもとりわけ面白い「時間」の話に入っていく。そこにはまだ説明していない「エネルギー」の概念も深く関わってくる。次の章では、その「時間」と「エネルギー」について見ていくことにしよう。

第三章

仏教の時間論

――諸行無常と業

第一章で語ったように、『倶舎論』では物質世界（色法）を「認識する法」と「認識される法」に分ける。五根と五境である。一方、第二章で紹介したように、そういった物質世界とは別に、生命体内部に心・心所という領域を想定する。その五根と心・心所が共同して、今で言う「精神」としての働きをする、ということはすでに言った。心が一つで心所が四〇以上、さらにはそこに物質である五根の作用も加わって、それらが様々なパターンをもって現れてくるのである。その色法や心・心所法のどこを見ても「私」という本体はないという点が重要である。私というのは、肉体を構成する色法と、そこに遍満する心・心所法を合わせた、その全体を呼ぶ仮設の名称である。私などという実体はもともとどこにも存在しないのである。このような見方を「無我《むが》」という。この世で生きるあらゆる生命がすべて無我であり、それはみな、諸要素の集合体としてのみ機能しているのである。

色法と心・心所法からなる、このような世界の全体が、刹那と呼ばれるきわめて短い時間単位で次々に移り変わっていく。一つの実体が少しずつスムーズに形態を変えながら変容していくのではない。一刹那ごとに、今ある存在はすべて消え、全く別の存在が出現してくる、そのデジタルな生滅の連続が「この世の転変」というものである。私もまた、そういう転変世界の一部として生きている。今の私は、私を構成している色法、つまり肉体と、その内部に遍満する心・心所法の複合体として存在しているが、それは一刹那で消滅する。そして次の刹那にはそれとよく似てはいるが同一ではない別の複合体が現れる。それは実体としては全く別物だが、前の刹那の影響を受けて、前の刹那と関連性をもって生じてくるので、あたかも同じ「私」というものが連続して存続しているように思えるが、実際は錯覚である。この意味で私という存在は、「ある程度の全体性を保持しながら刹那ごとの生滅を繰り返す、要素の集合体」と定義することができる。

これが科学でいうところの「複雑系」の定義とどの程度合致するものか私にはわからないが、ともかくカオス理論やそれと関連するフラクタル数学にはじめて触れた時、私は仏教的世界観との間に本質的な類似性を感じた。この世の諸現象を、「特定の因果関係を通して複合的に結合している諸要素の系」としてとらえるところに、本源的な共通性があるものと思われる。

このような刹那ごとの転変を表す言葉が「諸行無常《しょぎょうむじょう》」である。もちろん「生まれた時はかわいかったのに、いまじゃすっかりおっさんになった」というのも、あるいは「昔は大繁盛していた繁華街もいまでは閑古鳥が鳴いている」というのも「諸行無常」だが、『倶舎論』ではそういった情緒的な面ではなく、もっとハードな、単位時間ごとのデジタルな生滅現象を指して「諸行無常」というのである。では今から、仏教の旗印の一つでもあるきわめて重要な定則「諸行無常」を、『倶舎論』の解釈をもとに説明していこう。

一　時間論の構造

まず「刹那滅」という用語を紹介する。一切の物事は、刹那という微少な時間単位ごとに生まれて消える、という原理である。ただし一切の事物とはいっても、無為法は違う。無為法は「全く変化しない存在要素」だから、生成・消滅とは無縁である。七十五ある法のうち、三つの無為法を除いた残り七十二の法のことを有為法といったが、刹那滅という原理は、その有為法だけにあてはまる。あらゆる有為法は、ある刹那にこの世に出現したなら、必ずその刹那のうちに滅してしまう。これが刹那滅の意味である。外界の物質も、内的な心・心所法もみな、刹那滅の原理によって瞬間的に生滅していくのである。

ここまでは十分理解可能なはずだ。「なるほど、たしかに刹那滅の原理は諸行無常そのものだなあ」と読者のみなさんも納得されるであろう。しかし『倶舎論』が考える諸行無常は、もっとずっと奥が深い。ただ単に「すべての有為法は現れた刹那に消えていく」といった単純な定則で言い尽くせるものではない。そこには「時間とはなにか」「法が存在するとはなにか」「存在と作用はどう関係するのか」といった基本問題に明解に答えることのできるメカニカルな構造が想定されている。その構造の全体が、『倶舎論』

がいう「諸行無常」の本当の意味なのである。時間と法の関係から話を始めよう。

業の因果関係

私たちは普通、今現在だけが実在であり、過去や未来は非実在だと考えている。たとえば私が今、音楽を聴いているとする。音楽というのは音の連続だから、ある刹那にある音が聞こえる。その音を聞いているその刹那だけ、その音はこの世に実在していると考える。次の刹那になればその音は消滅して別の音が現れてくるから、前の音はもう存在しない。それは消えてしまったのである。また、未来の音というものも、それが実際にこの世に現れてきて耳に届くまでは決して聞くことができないのだから非実在だと考える。いくら作曲家が頭の中で音を想像したとしても、それは実際の音ではない。「未来にはまだなかった音が、現在という一瞬に現れてきて耳に働きかけ、過去へと消えていく」。これが常識的な時間の流れであろう。

しかし『倶舎論』は違った見方をする。「現在の法が実在しているのと同様に、未来の法も、過去の法も実在している」と考えるのである。これはきわめて特殊な主張である。同じ仏教の中でもこのような説を認めず、「現在の法だけが実在しており、過去や未来に実在の法などない」と考える者も多かった。普通に考えれば、過去とか未来は実在しないと思うのが自然であるのに、なぜ『倶舎論』は実在すると言うのか。

『倶舎論』によれば、その理由は大枠で三つある。一つは、煩悩の発生要件。私たちは様々なものを対象として煩悩を起こす。過去のものや未来のものを対象として起こす煩悩もある。もし過去のもの、未来のものが実在しないとすると、実在しないものを対象として煩悩が起こるというおかしな理屈になる。したがって過去や未来のものを対象として煩悩が起こる以上、過去や未来の存在は実在すると考えざるを得ない。二つめは認識の成立条件である。私たちにはいささか理解しがたい論理だが、当時のインドでは「認識できるものは、実在する」という定則が広く承認されていた。つまり「私たちは実在するものしか認識できない」という理屈である。認識している以上、その認識の対象は実在しているというのである。そして私たちは言うまでもなく、過去のものや未来のものを認識することができる。たとえば「昨日会った人」を思い出すような場合である。ということはそういう過去や未来のものは実在していることになる。これもまた、過去や未来という領域が実在していることを示す根拠である。そして三番目が、業の因果則である。今現在つくっている業が、遠い将来、その結果を生むとするなら、その時間的に隔たった原因と結果の間になぜ連結が可能になるのか。なぜ現在の業が、遠い将来の結果と結びつくのか。これを説明するためには、未来の法の実在性を認めねばならない。未来の法が実在しているから、現在行なっている業が、未来の法に信号を送り、因果則が成立する、と考えたのである。

私個人の見解としては、三番目の理由が最も興味深い。業の因果則を成り立たせるために、「過去や未来はある」と主張したのである。

業については第二章で簡単に説明した。「善いことをすれば遠い将来、必ずその結果としてうれしいことが起こるし、悪いことをすれば苦しみがやってくる」という倫理的な因果関係である。その本質が、心所の一つである「思」にあるということもすでに言った。この、「時間的に隔たった業の因果関係」を認めるためには、「なにが因果則を伝達するのか」という問題に答える必要がある。

たとえば私が今日、極悪非道な恐ろしい悪事をはたらいたとする。しかしその悪業の結果はすぐには現れない。いつか必ず現れることは決まっているのだが、それがいつ現れるのか、私にはわからない。たとえば無事に天寿をまっとうして一〇〇歳で死んで、次に猫に生まれ変わってまた死んで、次に天の神に生まれ変わって幸せに生きてまた死んで、そして次に生まれ変わる時に、やっと結果が現れて地獄に堕ちる、というようなこともあり得る。そうすると、「極悪非道な行ない」という原因と、それからずっとあとに起こる「地獄堕ち」という結果は、どういうメカニズムでつながっているのだろうか。なぜ業は、長い長いインターバルを越えて原因と結果を繋ぐことができるのか。

もし「私」という永遠に不変の絶対存在があるというのなら、答は簡単である。時を越えて「私」という存在は続いているのだから、その「私」自身が業の伝達者だと考えればよい。しかし何度も言うように、仏教の基本原理は「無我」である。業の作用を伝達できる実体存在はどこにもない。あるのは刹那ごとの要素の集合体だけである。そのような無常転変の世界で、時間的に隔たった業の因果関係がなぜ成り立つのか。この問題を突き詰めていった結果『倶舎論』は、「時間的に隔たっている遠い未来の結果というものも、実在している。だから、今現在の原因が遠い未来の結果と連結可能なのだ」という見解に到達したのである。詳しく説明していこう。

刹那滅の原理

「過去、未来、現在の一切の法は実在している」という原理、これを「三世実有説《さんぜじつう》」という。過去と未来と現在の三種の世（三世）の法はすべて実在している（実有）という意味である。三世実有説は『倶舎論』の時間論の土台となる。「未来」という領域には、条件が揃えば「現在」という領域へ移行してきて自己の持つ作用能力を発揮できる可能性のある法がすべて存在している。簡単に言えば、「未来」という領域に、これから起こってくる可能性のある法がすべて存在しているということである。もちろんその量は不可知、言い換えれば無限である。ただその中には「現在に移行するための条件が絶対的に欠如してしまったため、未来に閉じ込められてしまった法」も混じっている。そういう法は未来の定住者となっていて、決して現在に現れることがないから、ある意味「作用しない法」である。このように、未来にある法をそのまま未来に閉じ込めてしまって、決して現在に現れない状態にするのが、第一章で言った三種の無為法の一つ「非択滅」である。

未来には、現在へと移行する可能性を保持した法と、非択滅により、その可能性を失った法が混ざりあって無限に存在している。そのうちの、現在へと移行する可能性を保持した法は、様々な条件が揃うと「現在」に移動する。その「現在」という領域こそが、私たちがまさに「今現在」認識している、この世界である。そしてこの「現在」にやってきた法は、やってきたその刹那に消滅して、「過去」へと去っていく。「現在」での滞在期間はわずか一刹那しかない。それを表しているのが「刹那滅」という言葉なのである。

「すべての有為法は現れた刹那に消えていく」という刹那滅の原理は、未来の有為法が現在という領域に現れてくる、その状況を説明するものである。未来にあった法は、条件が整うと現在へと移ってくる。そして現在という領域に出現してそこでなんらかの作用をするのだが、その継続期間はわずか一刹那である。一刹那の間に、出現して、作用して、そして消滅する。このプロセスを指して刹那滅と言うのである。では、その一刹那の出現のあと、その法はどうなるのかというと、今度は過去という領域へ移っていく。そしていったん過去に移った法は、もう二度と現在に現れることなくそのまま過去の法としてあり続ける。未来にあった法が一刹那だけ現在という場所を通り過ぎ、その際にその法独自の作用を行い、そしてたちまち過去に去っていく。これが『倶舎論』が語る時間の構造である。現在という場所にだけ視点を据えてながめれば刹那滅だが、過去、未来、現在という三世のすべてを俯瞰《ふかん》すれば「三世実有」で、あらゆる法はずっと実在している。そしてそういった未来から現在へ、現在から過去へと常に有為法が移り変わっていく現象を「諸行無常」というのである。

映写機で考える

このような『倶舎論』の時間論を、なにかわかりやすい喩えで表現したい。『倶舎論』が書かれたおよそ一五〇〇年前のインドでアビダルマ哲学を考えた僧侶たちは、きわめて抽象的で茫漠としたイメージの中で概念を構築していったわけだが、それは今思えばおそろしく高度な精神活動であり、私たちにはそんな荒技は不可能である。そこでなにか私たちでも理解可能な具体的モデルを提示して、それによってこの特異な時間論の枠組みを示したい。そう思って先人の仕事を振り返ってみると、実に見事なモデル化の例が見つかる。およそ一〇〇年前に活躍した仏教学者、木村泰賢《たいけん》の仕事である。木村は当時まだ萌芽期にあったアビダルマ研究を飛躍的に発展させ、道なきジャングルに進歩の大道を切り開いていった巨人であるが、その木村がきわめて的確に、『倶舎論』の時間

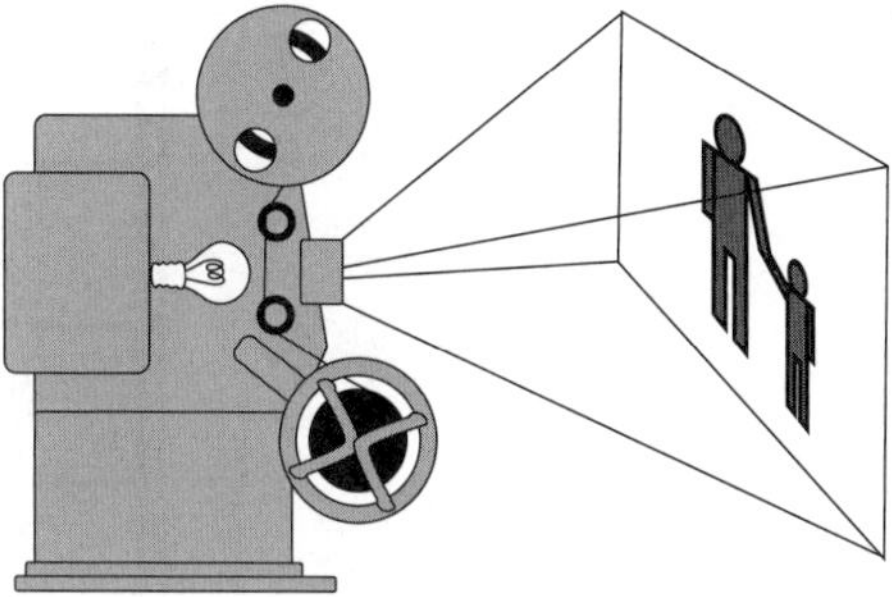

図3-1　映写機とスクリーン

論を解説している。そのモデルは映画の映写機である。

映写機の基本構造は、上下二つの大きなリールと、その中間に置かれた映写用のランプからなっている。上のリールには、今から上映されるフィルムが巻かれており、それが下のリールに繋がっていて、どんどん巻き取られていく。そして、上のリールから下のリールへとフィルムが巻き取られている途中にランプがあって、強烈な光をフィルムに向かって投射する。それがフィルムを透過して、その先にある大きなスクリーンに映像を映し出す（図3-1）。

映画のフィルムというものは、一コマ一コマの写真が連続して繋がってできている（図3-2）。したがって、それが上のリールから下のリールへ流れていくということは、ランプの前をそれらの写真が一コマずつ通り過ぎていくということである。通り過ぎていく瞬間だけ、そのコマはランプの光に照ら

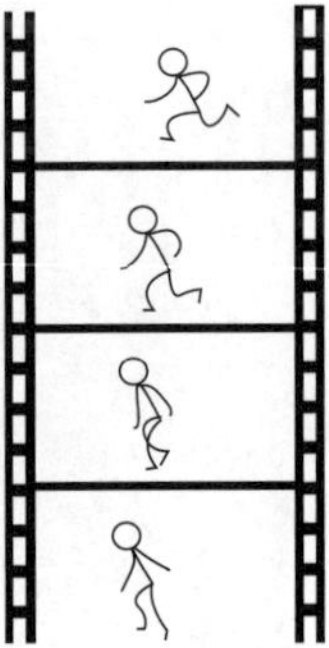

図3-2　フィルム

されて、その映像をスクリーンに映し出す。映し終わったらたちまち下へと過ぎ去り、映像は消えるが、直ぐあとには次のコマがやってきて、今度はその映像がスクリーン上に現れる。こうして、非常に短時間の間にフィルムのコマは次々と順番にスクリーンの上に映写され、それを椅子に座った観客が見て喜ぶ、という仕組みである。

上のリールに巻かれているフィルムには多くのコマが並んでいるが、それらは「存在はするが、まだ作用はしていない状態」にある。ここで言う作用とはもちろん、ランプに照らされてスクリーン上に映像を映し出すというはたらきである。上のリールに巻かれている間は、そういった作用を起こすことはできないので待機状態である。しかしリールが回り、フィルムが下のリールへと巻き取られていくと、それらは一コマずつランプの前を通過し、その瞬間だけ作用する。これが『倶舎論』の時間論で言う、未来の法が現在へと移行してきて、そこで作用する、という現象に相当する。ランプの前にきて作用したコマは、その一瞬の作用を終えると下へと流れていき、下のリールに巻き取られる。いったんランプの前を通り過ぎて下のリールに巻き取られたコマは、もう後戻りすることがなく、二度と作用しない。これが、現在で作用した法が過去へと過ぎていき、そのままそこに留まり続ける様子に対応する。この現在で作用した法が、過去へと過ぎていくことを伝統的な用語で「落謝《らくしゃ》する」と言う。過去には、落謝した法が無限に存在しているのである。

映画の場合、コマの進む早さは一秒間に二十四コマ、つまり一コマが約一〇〇分の四秒だが、これが『倶舎論』で言うところの一刹那にあたる。ほぼ同じレベルの時間単位になっているところが面白い。本当は一コマ一コマが静止したただの写真なのに、それをこれくらいのスピードで連続してスクリーン上に流していくと、映像が動いて見える。目の錯覚である。映画ならばそれは「スクリーン上で起こる特殊な現象」ということになるのだが、『倶舎論』は、私たちの世界全体がそうなっている、と言うのである。

有為法は絶え間なく未来から現在へと流れてきて、一刹那だけ現在にその姿を現して作用し、たちまち過去へと落謝していく。それは映画のコマと同じく、連続した動きではなく静止した一コマずつが区切られながら現れてくる不連続な現象である。したがってこの世の有り様を正確にそのまま見ることができるなら、静止した有為法の集合体が一刹那ごとに現れて消え、現れて消えを繰り返す、静止画像の連続になっているはずである。しかし私たちの認識能力は、それを認識できない。錯覚により、「一つの実在世界がスムーズに姿を変えながら連続的に変化していく」ととらえてしまう。「私」という存在についてもそうである。「私という一つの実体があって、それが時間とともに変化しながら続いている」と誤って認識してしまうのである。それがひいては、無我の世界に我を想定するという過失へと繋がっていく。したがって世の正しいあり方を見るためには、このような時間概念を正しく理解しておかねばならないということになるのである。

未来雑乱住

映写機の喩えで『倶舎論』の時間論の概要は理解してもらえたと思うので、ここであらためて一個所、重大な訂正を申し上げたい。今まで言ってきた映写機の構造は、上下に二つのリールがあり、その間をフィルムが上から下へと流れている途中でランプの光が当たってスクリーンに映像を映し出すというものであった。しかし『倶舎論』の時間論では一個所だけ、この譬喩《ひゆ》があてはまらない部分がある。それは「未来のリール」である。もし未来の有為法が、映写機と同じようにリールに巻かれているとすると、それが現在に現れてくる順番はあらかじめ決まっているということになる。映画ならあたりまえだ。はじめから話に順序があって、そのとおりにフィルムのコマが並んでいて、それがスクリーンに映るから映画には決まったストーリーがある。だからこそ、同じ映画ならどの映画館で見ても同じストーリーになっているし、何回繰り返して見てもそのストーリーは変わることがない。

しかし現実の世の中は、はじめから先行きが決定しているわけではない。法は未来から現在へと次々にやってくるが、どの法がどういう順序で現れるか、というその現れ方は、先にやってきてすでに過去へ落謝してしまった法や、あるいは今現に作用している現在法によって条件づけられ決定されていく。私たちの目から見て、未来の法には一定の順序が存在せず、どれがどういった順番で現在に現れてくるかをあらかじめ知ることはできない、という点で、未来の法はランダムなのである。もちろん、この世のすべての法の状態を理解していて、網の目のような相互関係が一つ残らずわかっている人なら、未来に起こる事柄をあらかじめ知ることは可能かもしれない。「ブッダにはそういう力がある」と考える人たちもいたが、ブッダに力があろうがなかろうが私たちには関係ない話である。私たち普通の生き物にとっては、どの未来法がどういった順番で現在にやってくるかというのは全く予測不可能、不可知な問題なのである。これを「未来雑乱《みらいぞうらん》住《じゅう》」という。

したがってこの点に関しては映写機の譬喩は使えない。映写機の二つのリールのうち、上の方のリールは存在しないのである。ではリールの代わりになにがあるのかというと、大きな袋がついている。その大きな袋の中では、フィルムをハサミで切り刻んだ一コマ一コマの写真がバラバラになって舞っている。その数は無限。袋の中でグルグルと舞うコマの大群が未来の法である（図3－3）。袋は下を向いていて、口はキュッと締まっ

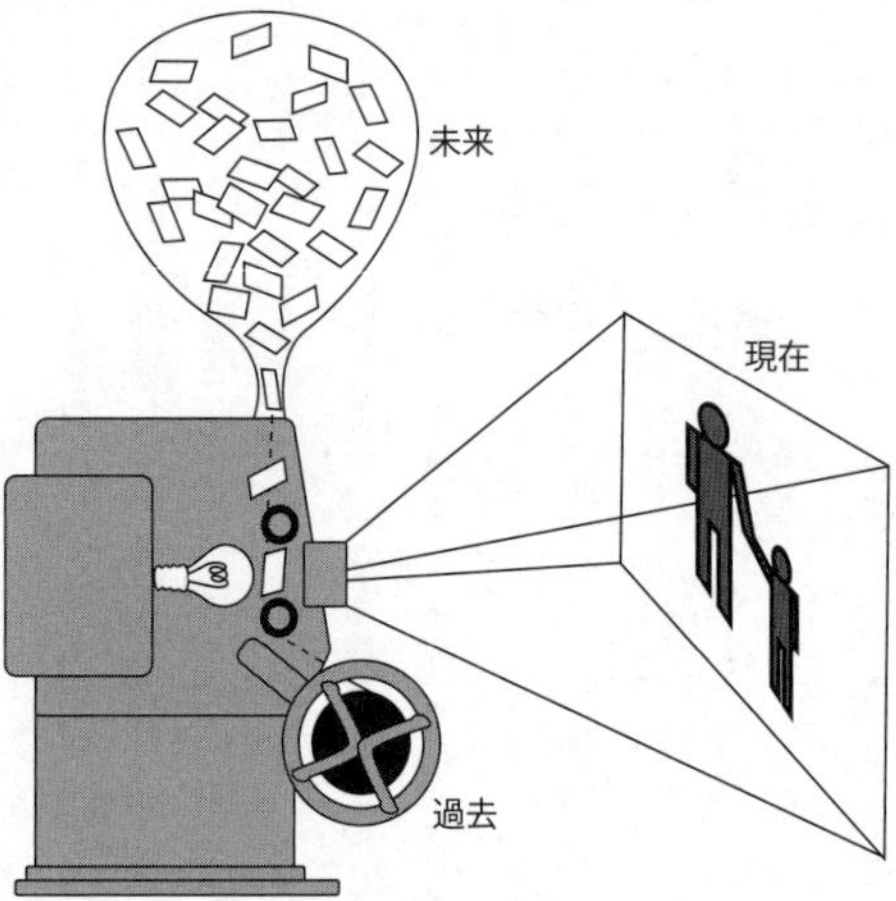

図3-3　未来雑乱住

ており、そこからは一刹那に一コマの写真だけが出てくる。どのコマが出てくるかは現在や過去の法の有り様によって決まってくるので、あらかじめ予想することはできない。出てきてはじめて「ああこれが出てくるのか」と驚いたり喜んだり、あるいは苦しんだりする。これが『倶舎論』の時間論と映写機との相違点である。木村泰賢先生は、この点についても十分承知していて、ちゃんと未来のリールをバラバラのフィルムのコマで置き換えている。実に素晴らしい洞察力である。

未来法が舞っている袋の出口と、ランプの光が当たる部分、つまり「現在」との接合部分がちょっとわかりにくいので説明しておく。袋の中の未来のコマは全くランダムに舞っている。そのうちの一コマが選び出されて現在にやってくるとする。その際、そのコマはランダムな状態から突然現在へパッと現れてくるのではない。現在に現れてくる一刹那前に、「出番待ちの楽屋」あるいは野球の「ネクストバッターズサークル」のような場所があっていったんそこに入って出番を待ち、一刹那後に本番の舞台にのぼってスクリーンに映る。未来法はすべてランダムなのだが、現在に現れる一刹那前の法だけは、まだ未来ではあっても出現順序が決定されている、ということである。この「現在の一刹那前の段階」を「正生位《しょうしょうい》」という。未来法の袋の出口に「正生位」のフォルダーがついていて、選ばれたコマはそこにカチッとはまる。そのフォルダーはそのままランプの前の「現在」へとつながっており、フォルダーにはまったコマは次の刹那、自動的にその「現在」へと送り込まれスクリーンに映像を映す。そしてその時にはすでに空いたフォルダーには、次に「現在」へと送られるべきコマがカチッとはまり込んでいる、という構造である（図3-4）。

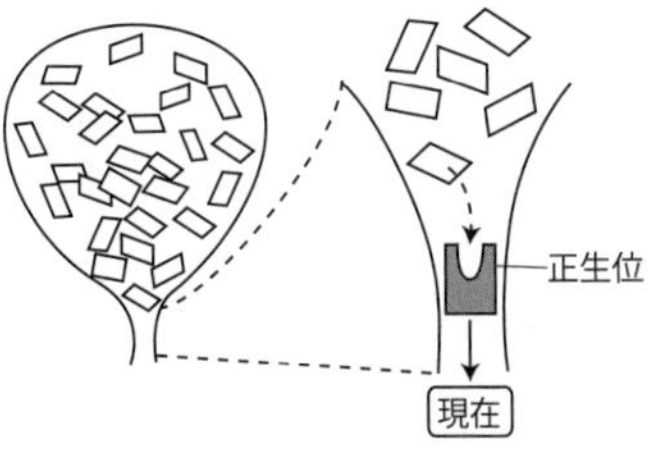

図3-4　正生位

未来法がランダムであるのに対して、過去の法は映写機と全く同じく、順序よくリールに巻き取られている。なぜなら過去の法というのは、現在において作用し終わった法が落謝していくものであるから、その順番が決まっているのである。スクリーンに映った順番どおりに直線状に並ぶから、リールに巻き取られた一本のフィルムという譬喩がそのままあてはまる。そして何度も言うが、それはもう二度と現在へと逆行することなく、過去世に留まり続けるのである。

以上が、『倶舎論』が語る時間論の構造である。「三世実有」「刹那滅」「諸行無常」といった用語の意味と適用範囲について理解していただけたものと思う。この時間論の特徴は、「時間」という特定の実体を想定していない点にある。第一章で言ったように、この世界を構成する要素は七十五種類の法だが、その法にはどこにも「時間」というものが含まれていない。時間が法でないということはつまり、時間とは実体のない仮設だということである。未来の法が現在へと移行し、そしてたちまち過去へと落謝していく。この法の変移状態を、私たちが「時間」としてとらえているだけであって、そこに独立した時間という法はない。ということは、この未来から現在、現在から過去という変移状態に関わっていない法はすべて、「時間の流れない状態にある」ということになる。未来の袋に入って舞っているコマも、過去のリールに巻き取られたフィルムも、すべては時間の流れない「止まった法」である。正生位にあるコマが現在に移行し、そしてただちに過去に去っていく、そのわずか三刹那の動き、それだけが時間の正体なのである。

時間論の構造をまとめてみよう。この世には三つの無為法と七十二の有為法が存在要素として実在しているが、そのうちの七十二の有為法は、過去、未来、現在という三つの領域のどれかに属するかたちで存在している。「過去、未来、現在という時間的区分に縛られて存在している」という意味では、あらゆる有為法は時間そのものだ、と考えることもできる。それで『倶舎論』では、「有為法とは時間である」という言い方をする。しかしその時間というのはあくまで区分としての時間であり、「流れ」ではなく「状態」から見た定義である。そしてこれとは別に、時間を流れとして考える場合には、有為法が未来から現在、そして過去へと移行していくその三刹那こそが時間の本質だ、ということになる。『倶舎論』の視点からいうと、時間というものには、「過去、未来、現在という、有為法の三種の状態としての静的な時間」と「未来から現在、現在から過去へと有為法が移行していく、そのプロセスを指す動的な時間」という二つの概念が重なっているのである。

『倶舎論』の理論と映写機の譬喩との違い

ここで出してきた映写機の譬喩は、非常に的確であり、これ以上わかりやすく三世実有世界の時間論を表現できるものはほかに思い浮かばない。だが、科学に親しんだ人なら誰でもわかっていると思うが、譬喩というものはきわめて取り扱いの難しい危険物である。ある現象を厳密に正しく語る方法は、「その現象を正しく語る」以外にない。それをほかの現象になぞらえて譬喩で語るということは、ある種のインチキである。説明者に都合のよい共通点だけをことさらに強調し、都合の悪い相違点には目をつぶるという恣意的な操作が必ず含まれてくるから、正確さがぶれる。たとえば量子論の入門書では、物質のあり方を「波」とか「粒子」といった日常的な概念に喩えて語ることが多いが、実際には物質は波でもなければ粒子でもない、特定の数式でしか表しようのない「なにものか」である。それを「波だ」「粒子だ」と譬喩表現ばかりが強調されると、かえって実体把握の障害になる。「譬喩はできる限り使わない」というのが論理思考の原則である。

しかしやはり、『倶舎論』の奇抜な世界観を紹介しようとすれば譬喩のお世話にならざるを得ない。とりわけ映写機の譬喩は、「二〇〇〇年前のインドにも映画があったのではないか」と思わせるほど『倶舎論』の理論と即応している。言い方を変えれば、「映写機というモデルもない時代に、仏教の僧侶たちがよくぞここまでダイナミックな時間論を構築できたものだ」という深い感慨を覚えるのである。『倶舎論』の時間論と映写機の譬喩は実に精密に対応するが、それだけに相違点をしっかり明示しておく必要がある。「すべてが映写機と同じだ」と誤解されるのが一番困る。

両者の相違点として、三世実有説における未来の法は出現順序が決まらない「未来雑乱住」状態にある、という点はすでに指摘した。そしてもう一つ指摘しておかねばならないのは、一コマの内容である。この世は映画のフィルムのように「現在」というスクリーンに一コマずつ静止画像が現れては消え、現れては消えして、その連続で動いていく。その場合、フィルムの一コマに映っているのは一体どういう部分なのか。この世界の全体が映っていると考えるのか、それとも私やあなたといった一人ひとりの生き物の個体が映っているのか、あるいは七十二の有為法の一つひとつが一コマにあたるのか。

この質問には答えることができない。『倶舎論』の場合、流れていく法を「フィルムの一コマ」といった特定の枠内に限定して見ているわけではなく、「あらゆる有為法は、刹那ごとに総入れ替えで移り変わっていく」といった見方しかしないから、ここには映写機の譬喩がうまく適合しない。それでもあえて両者を対応させようとするなら、「フィルムのコマには、この全宇宙を形成するすべての有為法が映っている」と見るのが一番妥当であろう。一コマ一コマが、全宇宙である。それが刹那ごとに次々と未来のコマで置き換えられていく。それを細かく見ていけば、無機的な環境世界の中で生きる私やあなたや、象や牛や、天の神や地獄で苦しむ生き物たちがいる（そういった生命体を仏教では有情《うじょう》とか衆生《しゅじょう》という）。さらに拡大して見ると、個々の有情も実は無数の基本要素の集合体だということがわかる。私もあなたも、実際は色法や心・心所法が集まったものにすぎないのである。俯瞰すれば全宇宙であり、拡大して見ていけば七十二種類の有為法の集合体、それが一コマの中にすべて納まっており、そのコマが刹那ごとに更新されていく、というイメージでとらえるのが最も近い。

二　業と時間の関係

次に、『倶舎論』の世界観の中でもとりわけ重要な業の作用と時間論の関係について見ていこう。すでに述べたように業というのは、「善いことをすれば、将来好ましいことが起こる」「悪いことをすれば、必ず嫌なことが起こる」という倫理的な因果法則である。その根源が心所法の一つ「思」であることは第二章で言った。思の作用が善悪どちらかに大きく振れると、そのパワーは特殊な遠隔力で未来に届き、これから起こってくるであろう未来の出来事を予約するのである。もう少し詳しく説明しよう。

異熟

業の原理の基本は、「善いことや悪いことをすると、①あとになってから、②必ず、③全く違ったかたちでその報いがやってくる」というものである。ここに番号をふって三つの条件を示した。

①の「あとになってから」というのは、原因と結果の間には必ずなにほどかのインターバルが挟まっており、そのインターバルの長さはどれほど長くてもよいという意味である。たとえば私が強盗をして悪業をつくったとすると、その業の結果がいつ現れてく

るかはまったくわからない。「必ずなにほどかのインターバルが挟まっている」という条件があるから、強盗をした直後の刹那にその結果が現れてくることだけは決してない。しかし第二刹那目に現れてくるかもしれないし、ひょっとすると、一〇〇回、一〇〇〇回も生まれ変わり、死に変わりを繰り返したあとで現れてくるかもしれない。これが①の「あとになってから」という条件の意味である。

原因と結果のインターバルがどれほどの長さになるかは全く未定だが、そのインターバルがどれほど長くても、いったん予約された業は必ず現れる。強盗の悪業が長いインターバルの間にうやむやになっていって、結局なにも起こらなかった、などということは決してないのである。それが②の「必ず」という条件である。業のパワーは、その力の大小にかかわらず、予約された以上は必ずいつか結果を「現在」へと引っ張り出してくるのである。

そしてさらに「全く違ったかたちで」という条件③がつく。自分が行なった行為の内容とは全く違ったかたちで結果が戻ってくるというのである。私が強盗で、人を殴ってお金を奪い取ったとする。これが「私が行なった行為」である。それは悪業となって未来の結果を予約するが、その結果は強盗という行為とは似ても似つかぬ、全く違ったかたちをとって現れる。私が強盗したからといって、その結果として私が誰かに殴られるとか、お金を奪われるというわけではない。強盗という行為とはなんの関係もない、たとえば地獄に生まれて何千年も苦しむとか、餓鬼《がき》になって何百年も空腹で悶えるといった報いを受けることになる。ここで特に重要なポイントは、原因となる行為が善悪どちらかであるのに対し、その報いである結果は善でも悪でもない、無記（ニュートラル）なものになるという点である。これについてはこのあとすぐに説明するが、ともかく、業の因果関係では、因と果が全く異なる様相で現れるのである。

このように業のパワーは、時間的に不確定で、かつ現れ方も予想不可能だが、必ず現れることだけは間違いない、そういう特性を持っている。こういった性質を仏教用語では「異熟《いじゅく》」と呼ぶ。

これをさきほど述べた時間論の構造と重ね合わせてみると、次のようになる。私が「現在」という段階で強盗をしたとすると、悪業のパワーが発生する。それは時間を超えて未来法に影響を与える。映写機の譬喩で言うなら、未来の大袋の中で舞っている無数の未来法のうち、ある特定のコマに信号が送られて、そのコマに「予約マーク」がつくのである。袋で舞っている未来法には、これから起こるかもしれないすべての可能性が含まれているが、だからといってそのすべてが必ず実現するというわけではない。中には、非択滅法によって、決して現在に現れないということが確定している法もある。しかし業の信号を受信して「予約マーク」がついた法は、実現性が保証される。いつか必ず「現在」へと移行することが確定するのである。その予約の力をあとから変更したり取り消したりすることはできない。いったん予約マークのついた法は必ず実現するのである（ただし修行を積んだ人なら、その法が実現する時期をある程度コントロールできるとされている。とはいえ、予約マークの力は絶大である）。

業の作用で生まれる無記の現象

業とは、このように、「私たちの行なった善悪の行為が、時間を隔てて結果をもたらす」という理論だが、注意しなければならないのは、そうやってもたらされた結果の方には善悪の区分がないという点である。善いことをして、その結果として現れてくることがらは善でも悪でもない。無記（ニュートラル）である。悪いことをした結果も同じく無記。業の結果というものは、すべて無記なのである。ここは少しわかりにくいかもしれないので詳しく説明しよう。

私が強盗して、その結果、たとえば七回生まれ変わったあと八回目に地獄に堕ちるとする。その地獄堕ちが、強盗という悪業の結果なのだが、その結果は悪ではなく「苦」なのである。ここでは悪と苦を区別して考えねばならない。悪とは、私たちが「こうしてやろう、ああしてやろう」と考える邪悪な意思であり、邪悪な行為である。そしてそういった悪の結果として現れる「地獄堕ち」という現象は、私にとっての「苦しい状況」である。邪悪な行為（悪）が苦しい状況（苦）を生むということ。決して邪悪な行為

（悪）が別の邪悪な行為（悪）を生むのではないという点に注目してほしい。同じく、善良な行為（善）が、好ましい状況（楽）を生む。善因→楽果、悪因→苦果である。そしてその楽果とか苦果という結果は、善悪の概念とは全く関係のない無記な現象である。

そしてここが重要な点だが、善悪と関係のない無記の現象は、自分自身が原因となって次の業をつくることがない。業をつくることができるのは、善か悪、どちらかの現象だけだからである。つまり業の原因・結果関係は、一回ごとに完結するのであって、「結果が原因となって次の結果を生み、それがまた原因となって次の結果を生む」という連鎖関係にはなり得ないということである。善や悪の原因が無記の結果を生み、その無記の結果には、さらに次の結果を生み出す力はもうないから、その段階で因果関係は終了する。

この原理は、仏教にとってきわめて大きな意味を持っている。仏教という宗教の目的は、業の力で引き起こされる輪廻の束縛を離れ、二度と生まれ変わらない状態に到達することだが、そのためには業の因果則を断ち切らねばならない。しかし、もしも業の因果関係が、連鎖的で永遠に続いていくものだとすると、絶対にこれを断ち切ることはできない。因果関係が一回ごとに終わるからこそ、「どこかでその業の作用から離脱して、二度と生まれ変わらない涅槃の状態を実現することができる」という目標設定が可能になるのである。

仏教の本質とは——小さなまとめとして

以上、「三世実有説」の時間論と、それを土台とする業の因果則について語ってきた。ここでもう一度、第一章から第三章の内容を概観し、アビダルマ仏教の本質を確認しておこう。

この世界は、法と呼ばれる七十五種の構成要素が組み合わさってできている。物質領域は色法と呼ばれ、それは「認識する色法」と「認識される色法」に区分される。どちらも分析していけば最終的には極微という微粒子にまで行き着く。生物は、色法としての肉体だけでなく、その内部に心・心所という独自の領域を内包している。しかしそれは「自我」ではない。どこにも「自我」という単体は存在しないのである。心・心所は、一個の心、つまり認識と、それに付随する全部で四〇種類以上ある心所法との複合体である。その心所の中の一つである「思」はいわゆる意思作用であるが、これが善悪いずれかの方向に強く作用すると、それが業のパワーを生み出し、自分の未来の可能性を引っ張ってくる。だから生き物は永遠に輪廻するのである。

そしてその、「思」を善悪いずれかの方向に強く作用させる要因となる「特定の心所法」あるいは「特定の心所法の特定の状態」を煩悩という。したがって、修行によって煩悩を消せば、思が業をつくらなくなり、業がなくなれば輪廻が止まる、という仕組みである。

具体的にどうやって煩悩を消し、どうやって業の作用を払拭するか、という問題は仏教の修行論になってしまうので本書では立ち入らないが、大枠だけ言うなら、強い精神集中の力を使って自分の心・心所の状態を観察し、繰り返しの精神的トレーニングによって煩悩を根本から断ち切り、それが二度と自分の内部に生起しない状態を実現する、ということである。

業の因果則というのは、時間を超えて原因と結果が呼応するという点で、ある種不思議な現象である。この現象を説明するのが「三世実有説」である。過去・現在・未来の三世にわたって有為法は実在しており、そのため、現在の段階で作用した法の影響力がただちに未来の法へと伝わって、実現性を予約することができる、というのである。「三世実有説」のメカニズムは、バラバラになったフィルムのコマが舞っている大きな袋を備え付けた映写機のようなものである。未来から現在へ、そして過去へと流れゆく無数のコマの連続が、この世の転変を表しており、そこに「諸行無常」「諸法無我」という仏教の根本原理が示されているのである。

三　世親の思想とカオス的世界観

章の最後でちょっとだけ脇道に入りたい。先に『倶舎論』の作者世親は、表面上は本流の正統説を紹介するような風を装いながら、時折、経部《きょうぶ》という自分が属する学派の主張を織り交ぜている、ということを指摘した。実は時間論に関しても、世親は本心では「三世実有説」を認めていない。彼は「過去も未来も実在しない。あるのは現在の法だけだ」と考える。映写機とは全く違うイメージで時間の流れを見ているのである。しかしその一方で、業の因果関係というものはたしかにあると考えている。そうするとここで困ったことになる。法は現在にしか存在しないのに、その現在という状態で行なった行為の結果が、なぜ遠い将来の結果を引っ張ってくることができるのか。「三世実有説」の場合なら、「未来法も実在するのだから、それが業の力によって予約されるのだ」という説明が可能だが、「現在しかない」という前提に立つと、業の因果則が合理的に説明できなくなるのである。

生き物の状態を変化させる現在の行為

もし仏教が「無我説」でなく、「我という不変の実体がある」と主張する宗教であったなら、この問題もたやすく解決する。「その我が業のエネルギーを背負って、現在から未来へと続いていって、ある特定の条件下で、その結果を受けるのだ」と考えればよい。我という不変の実体があれば、それを業という因果則の伝達者として設定できるのである。しかし、仏教、中でもシャカムニの仏教は「無我」を主張する。「我」などという不変の実体は、どこにもないと考えるのである。そうなると、はるか先まで時間を超えて業の作用を伝えていく伝達者がどこにもないということになる。「私」などという実体はどこにも存在せず、無数の要素の集合体としての仮設の「私」が、刹那ごとに現れ、そして消えていく。ただそれだけのものである。その私たちが現在行なった善い行為や悪い行為の結果が、遠い時間を隔てて、必ず、しかも原因とは全く異なる姿をとって現れてくる。そのような現象が一体どのようなメカニズムで可能になるというのか。これが「過去も未来も存在しない」と考える世親やその所属学派の人々に与えられた問題である。それに対する世親の答は次のようなものである。

いかなる生命体にも「我」と呼ぶべき本体はない。生き物はみな、様々な要素の集合体にすぎない。しかもそれは刹那刹那で生滅するから、一瞬ごとに全く別ものに変移していく。そこにはなに一つ永続するものはない。そんな生命体が、なにかとても善いこと、あるいは悪いことを考えたり行なったりしたとする。それは日常的でニュートラルな、なんでもないただの行動とは違って、強いインパクトを持っている。したがって、それはその生き物の状態を何らかの形で変化させることになる。たとえば私が強盗をはたらいたとすると、それはきわめて悪辣な行為であるから、強盗をはたらいている時点での私の心身状態は、普段の生活で御飯を食べたり散歩したりしている時の状態とは全く別の、特殊なかたちをとっている。その、きわめて特殊な状態を経験したことにより、

「私」というものを構成している全構成要素の集合状態に微妙な変移が生じる。「実際に強盗をした私」の要素結合状態を、「強盗をしなかったならこうなっていたはずの私」の状態と比較してみると、そこには「どこがどう違う」とピンポイントで指摘することはできないが、全構成要素のあり方や、その結合関係の中に、微少ではあるが絶対的な差違が生じている。これが業の本性である。

その、善行、悪行の影響として「私」に組み込まれた変化は、その時点ではあまりに微少なため誰にも認識できない。私が強盗をすれば、それによって私の状態は変化するのだが、それはとても微細なものなので、私自身も含めて誰もそれを知ることはできないのである。

わずかな変移の影響

この世は「諸行無常」であるから、生き物をつくる諸要素も一刹那ごとに入れ替わっていく。すべては刻一刻と変容しているのである。この様子を、さきほどは映写機の喩えで説明したが、あれはあくまで「三世実有説」の立場に立った説明であるから、「過去も未来も存在しない」と考える世親の時間論には使えない。世親が考えているイメージに従えば、今現在の時点で、この世は諸要素の集まりとして存在し、それは一刹那で完全に消滅する。しかしその存在した刹那の要素の状況がなんらかの影響力を残留させ、それが次の刹那の新たな諸要素を創成し世界をつくる。このプロセスの連続が時間の流れになるというものである。したがって微少な変化として構成要素の集合体内部に含み込まれた業の影響力も、このプロセスを通して保持されていく。刹那から刹那へと、誰にも見つかることなく、系全体に遍満するかたちで、そしていかなる外力によっても減衰することなく、この力は確実に伝達されていくのである。

もしそれが、いつまでも微少なままで続いていくのなら別になんの問題もない。それだけの話である。「微少なブレがいくら伝わっていったところで、それが系全体に変化を与えるわけではないのだから、無視しておけばいいではないか」ということになる。しかし、そうはいかないのである。

強盗したことによって私という存在の中に組み込まれた微少な変移は、誰にも認識されない微少なままのかたちで刹那から刹那へと保持されていく。しかしそれがある時突然、巨大な現象の主役として躍り出るのである。ここが業の恐ろしいところだ。どんなに小さな変移であっても、それは決して消えることなく伝達され、そしてある時、思いもよらぬ大異変として姿を現す。たとえば私が強盗したことによって取り込んだ変移は、その後私が生まれ変わり、死に変わりを繰り返す間もずっと保持され、ある時突然、「地獄堕ち」というドラスティックな結果の主因として作用する。もし私がその強盗事件を起こさなかったなら、その「地獄堕ち」はなかったはずなのだが、強盗による微少な変化が劇的に作用することで、地獄に堕ちるという大きな変化が生み出されてしまうのである。もちろんこれは悪い業だけの話ではない。逆に私が善いことをして、その微少な変化を受け継いでいる場合には、それがいずれは大きく変容して、たとえば天界の神として生まれるという安楽な結果をもたらすのである。

　このように過去や未来の実在を想定しなくても、善悪の行為により、現在の生命体の中に微少な変移が生まれ、それが次々と伝達され、ある特定の条件が揃った時点で巨大な変容を引き起こし、しかもそれが、おおもとの原因とは全くスケールの違う、似ても似つかぬ姿をとるのだと考えれば業理論は説明可能となる。このメカニズムによれば、先に言った業の基本原則、つまり「善いことや悪いことをすると、①あとになってから、②必ず、③全く違ったかたちでその報いがやってくる」という性質も説明がつく。このようなメカニズムのことを『倶舎論』では「相続転変差別《そうぞくてんぺんしゃべつ》」という。時間的に継続している要素集合体（相続）が、ある時点で特異な状態へと急激に変化する（転変差別）という意味である。

　私という存在は今現在の時点で、無数の要素の集合体として実在している。その要素の関係性の中には、過去幾多の生まれ変わり死に変わりの間に私が行なってきた善行、悪行の微細な変化が山のように蓄積されている。それらは普段の状況においては微細なままで保持されているので表《おもて》には現れない。しかし、この世の様々な状況変化の中で、たまたま条件が揃って、その変化が大異変の引き金として作用するような事態に立ち至ると、表舞台に出てとてつもない作用を引き起こすのである。私の中のどの変化がいつ結果を引き起こすかは、わからない。人智では知ることのできない、あまりにも複雑に入り組んだ相互関係の中で、出現条件がたまたま整ったものが巨大な作用を引き起こす。したがって、決定論でありながら、それは不可知なのである。

カオス理論との接点

『倶舎論』の中で世親が考えているこのような業の仕組みが明解に世に知られるようになったのはごく最近、わずか三〇年くらい前のことである。難解な『倶舎論』を苦労して読み解いて、ようやくその意味がわかってきた。功労者は大谷大学の兵藤一夫教授。その素晴らしい論文を読んだ時、残念ながら私はまだカオス理論のことを全く知らなかった。もし知っていたら、「おお、これはカオスではないか」と飛び上がっていたはずである。読後の喜びは数十倍にもなっていただろう。

二〇世紀後半の新生科学の一つ「カオス理論」は、コンピュータの発達によってはじめてその素顔を私たちの前に現した。私たちの世界には、無数の要素が互いに関係し合いながらなんらかのまとまりを形づくっているというあり方が、いたるところに見られる。その典型は、私たち自身、つまり生命体である。それは特定の不変なコアを中心にして成り立っているのではない。すべては変容し続ける要素の集合体である。それらの要素が互いに影響を与え合い、自分が与えた影響によって相手が変容すると、相手が変容したことで今度は自分に影響が戻ってくる、といった「無限の影響力の応酬」の結果としてなんとなく一つのまとまった姿を取る、そういう存在である。

　こういった系では、要素の一部にほんのわずかな、それこそ目に見えないような微少な変移が加えられても、その影響力が必ず系の全体に効いてくる。その変移、最初は全く目立たないかたちで誰からも気づかれずに保持されているが、時がたつとその効果が効いてきて、やがて爆発的な変化を生み出す。少しずつ影響が見えてくるというのではなく、ある時突然に作用するのである（図3-5）。

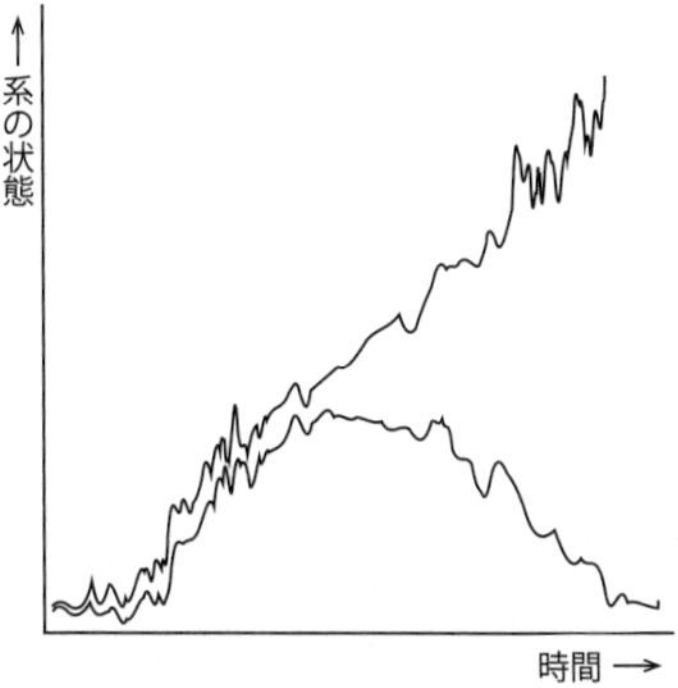

図3-5　わずかな初期値の違いが、やがて大きな違いへと広がっていく二つの非線形な系

　この現象が正しく数学的に論証されたのはほんの数十年前のこと。膨大な計算をこなすコンピュータが発達してきてはじめてわかったことである。それまでの多くの人たちは、「巨大な系の中に外部からほんのわずかな変移が加えられたとしても、系そ

のものの大筋はなにも変わらないはずだ。そんな微少な変化は、ほかの様々な動きの中で薄まっていっていずれ消えてしまう。微少な変移など無視して構わないのだ」と考えていた。しかしそれは間違いだということがわかった。「無限の影響力の応酬」によって成り立っている系では、加えられた変移が消えるということはなく、ずっと保持されていく。しかも時として条件が揃うと、その変移が原因となる恐るべき大変動を引き起こす。これがカオス理論の登場によって人類が知った新しい「この世の有り様」である。

そういったカオス的な集合体があなたの目の前にあるとしよう。そしてあなたはこう尋ねられる。「この系はこれから先、どのような動きをすると思いますか」。それを知るためには、今の系の状態を精密に知る必要がある。はじめの段階でほんの少し違いがあるだけで、その後の系の動きがどんどん変わっていってしまうのだから、今の系の状態を厳密に知っておかなければ先の予測などできないからである。ではどれくらい厳密に知っていれば、この先の動きを正確に予想できるだろうか。答えはもちろん、「どんなに厳密に知っていても、これから先の系の動きを正しく予測することは不可能」である。たとえばある数値を小数点一〇〇桁まで測って、「これほど厳密に測定したのだから、この数字をもとにして先の動きを予測すればきっと当たるだろう」と考えてもダメである。一〇一桁目の数字が1か2か、その違いが将来必ず、系の動きに大きな食い違いをもたらす。だから一〇一桁目の数字もちゃんと知っておかなければならない。しかし一〇一桁目を測っても、一〇二桁目がわかっていないとやはり正確な予測は成り立たない。結局のところ、その系の状態を「神の視点で完全完璧に」把握していない限り予測は無理なのである。

天気予報も一週間や一〇日なら当たる。一カ月、二カ月でもなんとかなるだろう。しかし時の隔たりが長くなると、それは急激に当たらなくなる。カオス理論が効いてくるからである。一年後、二年後の天気予報など全くナンセンス。気象という、想像を絶する量の要素が集まって成り立つ現象を予想することは本質的に不可能なのである。

これは、『倶舎論』の中で世親が説く「相続転変差別」の理論ときわめてよく似ている。実際、私はこれまでに何度か科学者の前で「相続転変差別」を紹介したことがあるが、反応は必ず「それはカオスではありませんか」という驚きの声であった。一五〇〇年も前の古代インドの僧院の中で思索にふける僧侶たちが、この世をカオス的に考えていたというのはとても面白いことである。

なぜ「相続転変差別」説がカオス的になるのか、考えてみよう。それは決して、仏教が科学を先取りしていたとか、シャカムニの智慧が現代科学の上をいっていたとか、そういう自惚《うぬぼ》れの話ではない。一番の理由は、理論を設定する場合の枠組みがたまたま同じだったことにある。人を要素の集合体として見ること。その要素が、特定の決定論的相互作用で結合していると想定すること。業の作用によってそこに加えられた微少な変化が、必ず時間を隔てて全く別の形で結果をもたらすこと。以上の条件を満たすメカニズムを考えていけば、カオス的な理論に行き着くのは当然のこと。もちろん仏教は、それを数学的理論にまで研ぎ澄ますことなどできなかったが、それでもこの世の有り様の本質をかなり見通していたと言うことはできる。シャカムニの教えの根本である「諸行無常」「諸法無我」、そしてすべては要素の因果関係で成り立つという「縁起《えんぎ》」の思想。こういった洞察を徹底的に進展させていった先に、現代科学にも通じる世界観が現れるとすれば、やはりシャカムニという人の「ものを見る眼」はたいしたものだと、あらためて敬意が湧いてくる。

＊

これで『倶舎論』の時間論を終わる。最後の「相続転変差別」説は『倶舎論』の正統説ではなく、著者世親の側の特別な主張であるから蛇足ともいえるが、きわめて特徴的なアイデアなので、あえて取り上げた。次の章では、物質でも心・心所でもない「心不《しんふ》相応行法《そうおうぎょうほう》」を紹介する。今でいうエネルギーのような法である。

第四章

仏教のエネルギー概念
――心不相応行法

七十五法は三種の無為法と七十二種の有為法に分けられるが、そのうちの無為法についての説明は終わっているし、有為法についても、色法と心・心所法についてはすでに語った。残るは一項目、心不相応行法《しんふそうおうぎょうほう》である。30ページの表で見ると、一番下にまとめてある。そこには十四の法が含まれているが、これがどれもこれもかなりの難物である。

心不相応行法の本質は、「物質でもなく、心・心所でもない、一種のエネルギーのような存在」である。とはいっても、物理学のエネルギー概念のように体系的にまとめられた端正な存在ではない。この世の様々な現象を観察した結果、色法にも心・心所法にも含まれない存在をどうしても想定しなくてはならなくなり、それをとにかく片っ端から集めてきてリスト化したら十四になったということである。したがってその内容は個々バラバラであり、決してまとまってはいない。だが、その一つひとつを見ていくと、当時の仏教者たちがとらえていた世界の中の「特異現象」、すなわち「普通ではないなにか特別な力が働いていると感じられるところ」がわかるので面白い。

説明困難なものもあるが、とにかく十四の心不相応行法を順に見ていこう。なお、『倶舎論』の作者世親自身は、この心不相応行法を認めていなかった。世親は、色法と心法だけでこの世の現象世界は説明できる、と考えていたのである。

一　生き物だけに付随する法——「得」「非得」「衆同分」

最初の二つが得《とく》と非得《ひとく》である。これは一種の結合・分離エネルギーと考えるべき概念である。得が結合エネルギーで、非得は分離エネルギー。両者はちょうど裏表、プラスマイナスの関係にある。この得、非得の概念は、無生物には関係しない。あくまで生命体つまり有情だけに関わるものである。有情の要素集合体（相続）を形成する肉体と心・心所、およびその他幾種類かの関係する法には得、非得が付随して生じてくるとされる。これだけではなんのことかさっぱりわからない。私という一個人を考えてみよう。

この私という存在は、どこにも核のない、単なる要素集合体である。しかしだからといって、その要素があっという間に雲散霧消してしまう完全に無秩序な存在でもない。私をつくる各要素は、因果則の特定条件を満たしつつ結合し、私という仮設存在を構成している。私の肉体は色法の原子（極微）の集積でつくられ、その内部には、心法が一つと、それに付随する何十種類かの心所法が「相応した状態」で存在している、そのまとまり全体が私である。そういった私という一個のまとまりが、刹那ごとに現れては消え、現れては消えを繰り返しているのである。

そうすると、それらの色法や心・心所法が一つにまとまっていて、離散してしまわないのはなぜか、という疑問が生じる。たとえばある刹那の私の心・心所を見てみると、心と、そしていくつかの心所が一緒になって起こっているが、起こっていない心所もある。今現在、私という存在の要素として現れている法と現れていない法の違いはなにか。それは、正の結合エネルギーを持っているか、負の結合エネルギー（つまり分離エネルギー）を持っているかの差である。ある心所が今起こっているとすると、その心所法は結合エネルギーを持って現れてきているからこそ、心と相応して現在で作用することができる。一方、結合エネルギーを持つことができなければ、現在に現れてくることができない。別の言い方で言えば、負の結合エネルギー、つまり分離エネルギーを持っているために現在の私の一部として現れることができないのである。その結合エネルギーを「得」、分離エネルギーの方を「非得」という。

有情を構成する法が今現在、現れているなら、その法は得によって現れてきたのであり、得のおかげでその有情存在に繋ぎ止められ、そこに留まっていることができる。一方、その法が現れていないなら、それは非得によって現れることが阻害されているのである。面白いことに、この得、非得は、それが受け持っている対象の法と同じ刹那に存在する必要はないという。ある法とその得のコンビを考えた場合、得だけが先に現在に現れて作用し、その作用を受けて、あとの刹那の法が現在にやってくる、という状況や、あるいは逆に法が先に現在に現れて、後から得がくるという状況もあり得る。言ってみれば、エネルギーを先払いしたり、あとでつけ払いするようなものである。もちろん法と得が同時に現れることもある（非得では、法と非得が同時に現れることはない。説明は細かくなるので省略）。

離繫得

得・非得は、なんとも奇妙な概念だが、特定の法と法がくっついて起こってくる時に、なにがそれを接着しているのか、そして今までくっついて起こっていた法がある刹那から起こってこなくなった時に、なにが接着剤を剝がしたのか、という疑問に対する答えだと考えれば、ある程度は納得がいく。

これで済むならよいのだが、実は、得・非得の難しさはここから先にある。択滅《ちゃくめつ》を思い出していただきたい。それは涅槃の別名であった。修行によって煩悩が断ち切られ、二度と現れなくなった状態である。タコの図でいうなら、真ん中のタコの頭から出ているたくさんの豆電球ソケットのうちの「煩悩系心所」の豆電球が永遠に点かなくなる状態を言う。これについてはすでに第二章で語ったが、念のためもう一度、簡単にまとめておこう。

「煩悩系心所」を永遠に断ち切るためには、その心所のソケット自体を破壊して、豆電球の点灯可能性をゼロにする必要がある。ちょっとした努力で豆電球が一時的に光らないようにするのは簡単だが、それでは意味がない。択滅状態を達成するためには、その豆電球が二度と点かないように、おおもとのソケットを破壊しなければならないのである。また、心所の中には、それ自体が丸ごと煩悩というわけではなく、ある特定の光り方をした時にだけ煩悩として作用するものもある（たとえば「慧」）。そういった煩悩を消す場合には、ソケットを完全に破壊するのではなく、豆電球がそのような特定の光り方ができないようにソケットを改造する。普通に光っているぶんには構わないが、煩悩として特殊な光り方をすることは絶対にできないように改造するのである。ソケットを壊したり改造したり、そういう仕事は、普段の日常生活でできるものではない。それを可能にするのが仏道修行である。修行によって、悪しき煩悩が二度と起こらないようにソケットを壊し、あるいは改造する。そうやって達成された個々の状態が択滅なのである。

その択滅は無為法だから、決してほかの法と相互作用をしない。それが無為法の定義であった。いかなる法とも相互作用することがなく、時間の流れから隔絶した地点で「ただそこにある」、それが無為法である。その無為法である択滅が、修行によって達成されるという。「そうか」と言って聞き流してしまえば気にもならないが、よく考えると変である。修行というのは人（あるいは天の神）が、自分の意思で行なう活動であり、あくまで有為法の世界の事柄である。「毎日毎日、私は朝から晩まで修行しています」

と言えばそれは、有為法の領域で行なわれているに決まっている。しかしその結果として得られるのは択滅という無為法である。これだと、有為法の結果として無為法が現れるということになり、「いかなる法とも相互作用しない」という無為法の立場が崩れてしまう。これをどうするか。そこで得の出番となる。ただの得ではない。特別な得である。有為法と無為法の仲立ちをするという、ほかに例のない作用を持つ、その特別な得は「離繫得《りけとく》」という名で呼ばれる。

涅槃の達成

全体構造はこうである。修行をするとその結果、特定の煩悩が断ち切られる。そしてそれと同時に離繫得という特別な得が現れる。心不相応行法の一つである得は当然、有為法であるから、これは「有為法である修行が、有為法である離繫得を生み出す」ということになり、なんの矛盾もない。しかしその離繫得という法は特別な作用を持っていて、それが生じることで、そのソケット部分に「もう二度と、そこに豆電球が点かなくなる」という状態が実現される。その状態を択滅とか、あるいは涅槃と呼ぶのであるが、離繫得の結果として実現される状態ということで、「離繫果」とも呼ばれる。

ではこの離繫得とは一体どういう概念なのか。有為法でありながら、それが現れてくることで、無為法である択滅が実現されるというのである。タコの模式図に、この離繫

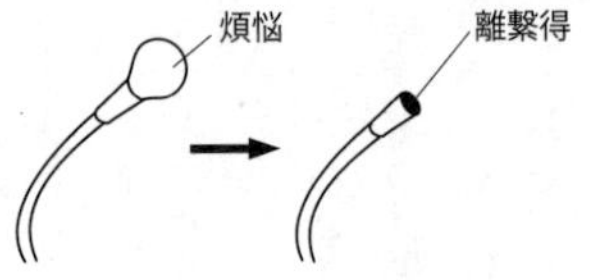

図4－1　離繋得

得を描き入れるとするなら、煩悩豆電球のソケット開口部にピチッとはまった蓋を想像するとわかりやすい（図4－1）。修行によってその煩悩豆電球が永遠に断ち切られた時、離繋得という蓋が現れる。そしてその蓋は、ソケットの口にピチッとはまり込んで抜けなくなる。ソケットが離繋得で塞がれたため、そこにはもう二度と豆電球は現れることがなく、もちろん点灯することもない。つまりソケットの機能が破壊されて、二度と役に立たなくなったということだ。この状態が択滅である。修行という有為法によって離繋得という有為法が現れ、その離繋得が現れたことで、択滅という無為の状態が実現するのである。択滅は離繋得による結果なので離繋果と言われる。択滅イコール涅槃イコール離繋果である。

　煩悩系心所を根こそぎ断ち切る場合はこういったイメージだが、一方「ある特定の光り方をした時にだけ煩悩として作用する」ような心所の場合は、絶対に豆電球が光らないようにするわけではないから、蓋をするという喩えはよくない。その場合は、離繋得という電力制御器が現れてソケットに組み込まれ、ある限度以上の電気が流れなくなる、といった状況の方がよいだろう。つまり特定の光り方をしないような器具が離繋得だということになる（あまりに不細工な説明でうんざりするが、ほかに言いようがないのでしようがない。うんざりしたまま次へ進もう）。

生物と無生物の境界

心不相応行法の三番目に「衆同分《しゅどうぶん》」という法がある。これも得や非得と同様、生き物にだけ付随してくる法で、それは「生物の種別を構成する力」である。

私は人という生き物であるし、道ばたですれ違う老若男女もみな生き物である。犬も猫もウグイスも、芋虫も、ボウフラも生きている。ではその共通項はなにか。なぜこれらはみな生き物で、岩や水や風は生き物ではないのか。生物と無生物はどこに違いがあるのか。これについて『倶舎論』では、「生物と無生物を分割する特別な法がある」と考える。それが衆同分である。犬は生きているが岩は生きていない。その違いは、「犬が吠えるから」とか「餌を食べるから」とか「動くから」といった一面的な特徴で決まるものではない。犬には「絶対的な生物としての証拠」つまり「生物のＩＤ」があるから生物であるし、岩にはそれがないから生物ではない、というのである。

変な話にも聞こえるが、生物と無生物の境界線は現代でも微妙である。生物の定義には「自立的に自己増殖する」とか「細胞を持っている」などいくつかの特性が挙げられるが、それらを満たしていないのに、生物であるかのように扱われるウイルスのような存在もある。目に見える特性をいくら挙げていっても結局のところ生物と無生物を厳密に分割することはできないのだから、古代のインド人僧侶が考えたように、「区分を生み出す特別な法があるのだ」と断定してしまうのも一理ある。決して合理的方策とは言えないが、それなりの知的背景を持った概念である。今で言うなら、DNAやRNAのような遺伝情報伝達物質を含んでいるかどうかで生物を分ける、といった考え方に近いであろう。しかしDNA、RNAがあれば生物だ、というわけでもないので、やはりこのあたりは視界がかすむ。『倶舎論』はそういう立場を取っていた、ということで納得しておくしかない。

この衆同分には、単に生物・無生物の区分けだけでなく、もっと高度な区分け作用もある。たとえば生物の種ごとの区分け。犬は犬、人は人、血の池地獄の有情は血の池地獄の有情と、生き物をその種別に区分けしてまとめているのも衆同分である。「犬の衆同分」のあるなしによって、白い秋田犬と真っ黒なドーベルマンが同じ種だということになり、白い秋田犬と白クマの子供は別種とみなされる。さらに細かい区分けもある。男女の区分け、お坊さんと在家者の区分け、「まだ悟っていない人」と「もう悟ってしまった人」の区分けなど、およそ生物をなんらかの集合でくくって同一視するあらゆる場面で、この衆同分という法が作用するのである。たとえば私には、生命体としての基本的衆同分があり、さらにそれは「人」で「男」で「(一応) お坊さん」で「(全然) 悟っていない」という特性のある衆同分である。

衆同分などという法が本当に存在するのか。七十五法の一つとして設定する必要があるのか、という疑問は当時も提示されていて、心不相応行法全体を認めない世親も、当然ながら衆同分の存在性を強く批判している。

この衆同分のあるなしが引き起こす問題は、「生物とはなにか」という、とても現代的な問いとも密接に関わってくる。「有情の共通性などというものは、こちらが考え出したもので、客観的実在としては存在しない」というのが衆同分を認めない世親式の見方。「生物と無生物の間にいくら線を引こうとしても、きっちり区分けすることなど不可能だ。生物と無生物に違いなどないのだ」というのはアビダルマの姿勢を批判する、たとえば大乗仏教の「空」の思想に属する人たちが言いそうな意見。「生物と無生物には厳然たる区別があり、それを示す基準も存在する。たとえ明確に提示することはできなくても、生物の内部には、生物を生物たらしめている要素（衆同分）が実在するのだ」というのが『倶舎論』本流の正統説である。現代生物学においても、この問いは未解決のまま残されていて、三種類の答もそのまま生き残っている。一五〇〇年前の仏教世界で議論されていたテーマが現代生物学の基本問題にも繋がってくるわけだが、その理由が仏教の生命観にあるという点は注意していただきたい。

「生命体には、『これが生命の本体だ』という、核になる実体など存在しない。すべては要素の集合体にすぎない」という視点に立つからこそ、「では生物と無生物の違いは何だ」という疑問が生じる。これがキリスト教やイスラム教なら、「神が生物としてつくりになったものが生物であり、それ以外が無生物だ」ということになるであろうし、人の定義にしても「人としての不滅の霊魂を持っているものが人だ」と定義される。仏教徒が思案した問題など、最初から起こりようがない。生物を要素の集合体として見るのは仏教と科学に共通する生命観であり、だからこそ、両者が同じ問題に突き当たるのである。衆同分は、古代仏教と現代世界との生命観の共通性を示す格好の指標である。

二　修行のための法──「無想定」「滅尽定」と「無想果」

ここで語る三つの心不相応行法は仏教の修行に関わる法であって、科学系シリーズの一冊であるこの本で紹介するにはあまりふさわしくない。とは言え、「蓼《たで》食う虫も好き好き」で、興味を持ってくださる変な方がいないとも限らないので、しっかり説明しておこう。

世界の空間構造

人が瞑想修行の道を実践していくと、その途中で非常に特殊な状態に入り込むことがある。具体的に言うと、心・心所が完全に停止してしまう状態である。タコのモデルで説明するなら、真ん中の六色電球が消え、四十数本の心所のソケットもすべて空っぽになり、一切活動を停止してしまった状態である。「そんなことがあり得るのか」と不思議に思うが、実際に修行をしているとあるらしい。これは古代インドの僧院で、実際に体験した僧侶たちの実感に基づいて設定された状態なので、理屈であるなしを論じても仕方がない。「間違いなくある」と確信した人の言葉に従っておこう。そういった心・心所停止状態を体験した人たちは、それを「無想定《むそうじょう》」「滅尽定《めつじんじょう》」と呼ぶようになったのである。

では「無想定」と「滅尽定」はどう違うのか。そしてそれに加えてさらにもう一つ、「無想果《むそうか》」とはなにか。これを説明するためには、今まで触れることのなかった領域に踏み込まざるを得ない。それは仏教の空間構造論である。

この本では第一章で物質世界の構造について語った。原子論的世界観である。しかし、その原子でできた物質世界が、どのようなマクロ世界を形成しているか、という問題についてはなにも語らなかった。たとえてみれば、素粒子論だけ語って、それを土台に構成される、地球や太陽系や銀河系や、果ては宇宙全体の構造については棚上げにしたようなものである。実際は、『倶舎論』にはそれも詳しく書かれている。しかしそれを一から細かく語っていると話が終わらなくなってしまうので、スキップして心・心所の方へ移ったのである。しかしスキップしたままにしておくわけにもいかないので、「無想定」

「滅尽定」「無想果」の説明を機縁として、ごく簡単にではあるが述べておこう。この『倶舎論』の宇宙観に関しては、とてもよい解説書があるので興味のある方は是非そちらを参照していただきたい。定方晟《さだかたあきら》氏の『須弥山《しゅみせん》と極楽』(講談社現代新書)という本である。

須弥山の構造

私たちが住んでいるこの世界は、全体が茶筒を重ねたような形をした巨大な円柱である。それがなにもない空間の中に浮かんでいる。その茶筒の上面、円い平面部分の表面には薄く水が溜まっている。なぜそれがこぼれ落ちないのかというと、その円形の外周が低い壁でぐるりと縁取りされていて、丁度まるいお盆に水を張ったような状態になっているからである。その溜まった水が海である。この丸い海の真ん中に巨大な山が立っている。その名を「須弥山《しゅみせん》」という。形は四角錐台で、頂上は平たい四角形の平地になっている。須弥山は神々の住むところであり、山の中腹にも、頂上の四角い平地にもいろいろな神がいる。私たち人間の住むところではない。では私たちはどこにいるのか。丸い海の真ん中に須弥山が立っており、それを囲む海の中、須弥山の東西南北四方に四つの大きな島がある。大陸と呼んだ方がいいだろう。その四大陸のうち、南側にある島、それが今私たちが住んでいる場所である。その島の名を贍部洲《せんぶしゅう》という。私たちは贍部洲の住人なのである（図4－2）。

　ほかの三大陸にも人はいるが、贍部洲が一番住みにくいところなので、そこに生まれてしまった私たちは運が悪い。しかしその住みにくさのせいで、私たちは「この世は苦しい」という思いを実感として感じ取ることになり、それが私たちをシャカムニの教えへと導いてくれる。一番運の悪い私たちが、実は仏教と一番縁が深いという意味で一番幸運なのである。贍部洲の地下には巨大な地獄があって、多くの有情が業の報いで苦しい拷問を受けている。地獄にも苦しさのランクがあって、下へ行くほど苦しくなる。一番苦しいのがレベル8の無間《むげん》地獄である。温泉は、この地獄世界のそばを通った地下水が温められて出てきたものだとされている。

　この世界で一番高い場所はいうまでもなく須弥山の頂上だが、そこから上の空中にも大勢の神々がフワフワ浮かびながら住んでいる。しかもその空間が何段階もの居住区に区分けされていて、それぞれに名前がついている。上に行くほど高級である。その空中居住区の一番上が、「この世の一番上」ということになるのだが、実はそれよりさらに上位の神々がいる。「上に行くほど高級なら、この世の一番上にいる神々が一番高級ということになるではないか。それよりさらに上位の神とは一体なんだ」と思われるであろう。それは「もはや物質世界を越えて、心・心所だけの存在となった、肉体なき神々である」。物質世界を越えているというのだから、空間的に位置づけることができない。

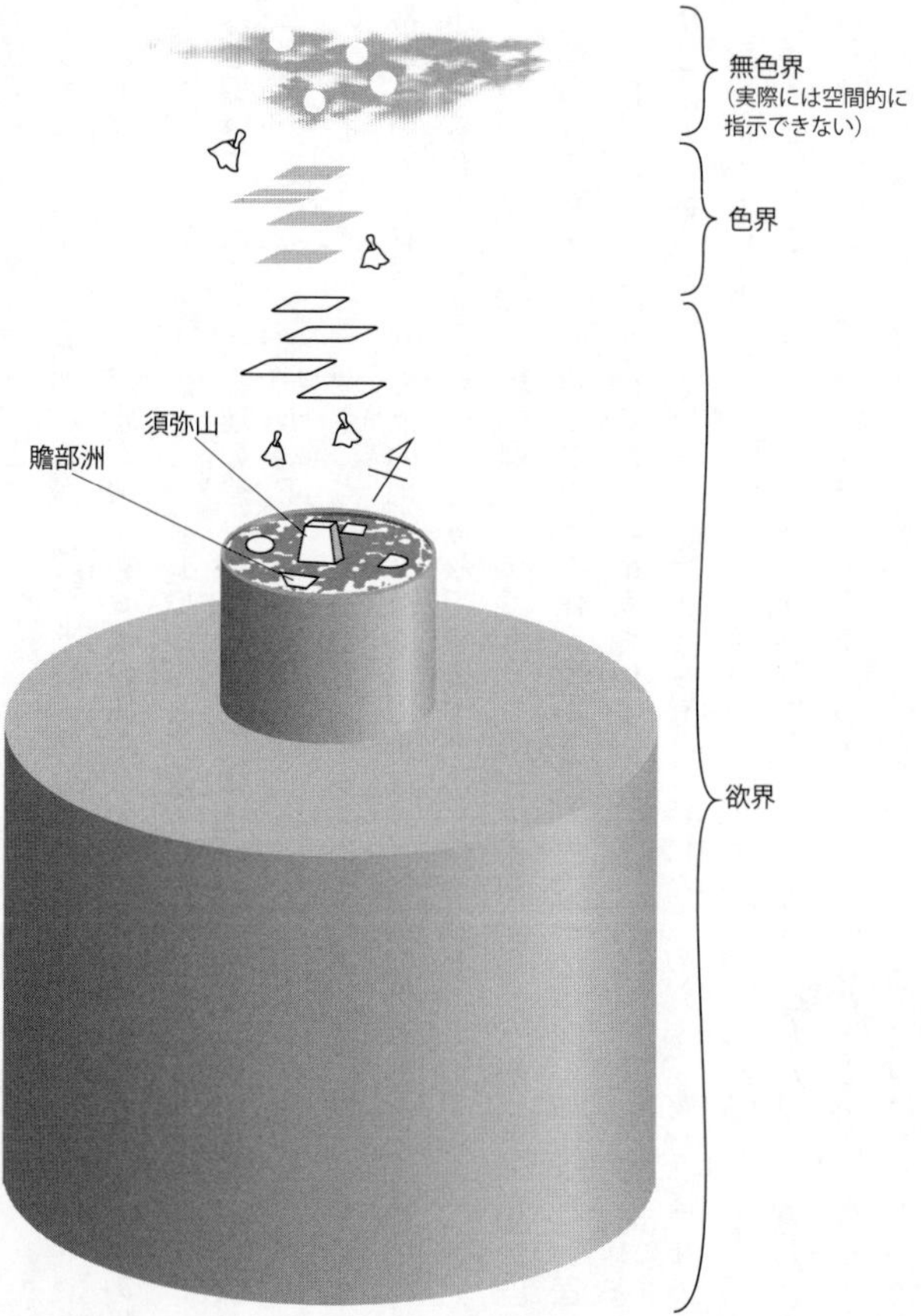
無色界
(実際には空間的に
指示できない)
色界
須弥山
贍部洲
欲界

図 4 - 2　世界の構造

「その神々は、この世のどこそこにいる」といって位置を特定することができないのである。イメージとしては、空中浮遊している神々の世界の上にもう一段別の世界があって、そこに姿かたちのない心・心所だけの神々がいるという感じだが、正確にいえば、そのような空間の上下指定はできないので、「この世の中のどこかにいる」としか言いようがない。ともかくそういった肉体なき神々が、神のランキングの最上位にくるのである。この最上位の神々は肉体的な感覚器官、つまり五根を持たないから、ただそこに、心・心所としてあるだけ、というなんともあやふやな生き物である。私たち下界の生き物とはなんら交渉を持つことはない。これでこの世界の下から上まですべて紹介した。本当はその内部がまだまだ細かく設定されているのだが、今はこれで十分だと思う。

天の世界と極楽

ここに「神々」という言葉が出てきたので、誤解のないように少し説明しておこう。仏教で神と言ったら、もちろんそれはキリスト教やイスラム教のような「この世をつくった絶対神」を指すのではない。仏教の神々は、私たちと同じ、生物の一種である。神様のことを正式には「天《てん》」と言う。帝釈天《たいしゃくてん》とか梵天《ぼんてん》などという、あの天である。以後、この本では仏教の神のことを正式名称を用いて天と呼ぶことにしよう。

天は決して特別にすぐれた存在ではなく、人や畜生《ちくしょう》などと同じ輪廻世界の一員であるから、寿命がきたら死んで、またどこかに生まれ変わる。肉体を持たない最上位の天であっても、この定めは変わらない。「天も、ほかの生き物と同じように、年を取って死ぬ」ということを忘れないでいただきたい。死ねば、業の力によって次のところに生まれ変わる。生まれ変わる先は人かもしれないし、畜生、餓鬼、あるいは恐ろしい地獄かもしれない。あなたや私は今のところ人だが、過去において天だった時もある。この先、天に生まれることもある。天とはこのように、単なる輪廻の一要素にすぎない。そこに生まれたからといって、なにか特別に喜ぶべきことでもなく、「まあ今回は、地獄や餓鬼や畜生でなくてよかった。まずは一安心」といった程度の場所である。

授業で天のことを話していると、時々「天の世界と極楽は同じですか」という質問をする学生がいる。なるほど、一般の人から見ると同じようなものに見えるのかもしれない。しかし天の世界と極楽というところは全く別である。天というのは、今言ったように、私たちが暮らしているこの世界の中にいる神々のことである。須弥山の中腹にも山頂にも、その上の空中世界にも、あるいは私たちと同じこの地上にも天はたくさん住んでいる。その中でも特に須弥山より上の空中居住区や、心・心所だけの天が暮らす「物質のない世界」は、ストレスのない安楽な世界なので魅力的である。だから人は、「天の世界に生まれて楽に暮らしたいなあ」などと願うのだが、それは本当は愚かな希望であり、仏教の教えに従えば、天に生まれても意味はない。そこで暮らして、年をとって死ねばまた同じことの繰り返しである。このように、私たちの輪廻世界の一部が天であり、その天の多くが住む空中居住区などがいわゆる天の世界、天界なのである。

この『倶舎論』の宇宙観のどこを探しても、極楽はない。極楽というのは、シャカムニの仏教ではなく、それより数百年あとになって現れた大乗仏教の中で新たに生み出された全く別の世界である。『倶舎論』の語る世界は、それがどれほど広大複雑であっても、あくまで「独立した単一の世界」であって、たとえばそこにシャカムニというブッダが現れたなら、そのシャカムニが「その世界にいる唯一のブッダ」ということになる。私たち有情は、そのたった一人のブッダの教えを頼りに悟りへの道を歩んでいくことになるのであって、シャカムニ以外、道を教えてくれる人はいない。そのシャカムニがすでに亡くなってしまった現在においては、私たちにできるのは、残された教えを学び、それに従って修行を続けていくことだけである。

しかし大乗仏教が生まれる頃になると、このような単一の世界観に変化が生じ、世界は複数並存しているという「複数世界」の概念が起こってきた。このような世界観の生みの親は「大衆部《だいしゅぶ》」という名の集団（部派）だと言われているが詳細は不明である。ここで言う複数とは「この世にはたくさんのブッダが存在していて、その一人ひとりの居場所が一つひとつの世界を形づくっている」という意味である。したがって、『倶舎論』が考えているような茶筒世界は、ほかにも無数にある世界の中の一つにすぎないということになる。「この世には無数の世界があり、そこには大勢のブッダが今現在も生きている。私たちが今いるのは、そういった多くの世界の中の一つにすぎない。私たちの世界には現在、ブッダはいないが、別の世界にまで視界を広げるなら、そこにはいくらでもブッダがいる」というわけである。そして極楽というのは、そういう新たに考え出された複数世界の中の一つを指す固有名詞である。したがってそれは、『倶舎論』が語る世界とは隔絶したところに平行存在する別の世界のことであるから、天界とは全くの別ものである。天の世界は私たちの頭上にあるが、極楽は、どこかわからないはるか彼方の別世界なのである。『倶舎論』には、本来の「単一世界説」と、新たな「複数世界説」の要素が微妙に入り交じったところもあって面白いのだが、ここではあまり深入りしない。天と極楽の違いを知ってもらえたら十分である。

三界とはなにか

さて『倶舎論』の世界観に話を戻して、下は地獄から、上は肉体のない心・心所だけの天の世界までの全体を大きく三つに分ける。下から順に「欲界《よくかい》」「色界《しきかい》」「無色界《むしきかい》」という区分である。まず茶筒はまるごと全部、欲界に入れる。地獄も、私たちのいる贍部洲も、須弥山もすべて欲界である。須弥山の上空は、空中に浮かんで暮らす天たちの世界だが、そこが何段階もの居住区に区分けされていることはすでに言った。そのうちの、下から四番目までの低レベルの空中居住区も欲界に入れる。その欲界というのは、「肉体があり、しかも心・心所が欲望まみれで、悪いことをしたり、その悪行のせいで苦しんだりする、ひどい世界」のこと。わが身のことを振り返れば「なるほどなー」と思ったりする。

その上にあるのが色界である。空中居住区の下から五番目のレベルから始まって、肉体を持つ天の一番上のレベルまでがすべて色界と呼ばれる。この色界という名前についている「色」という語は、第一章で語った「物質」のことである。したがって色界というのは「物質世界」という意味になる。しかしそれはおかしいのではないか。下界にある欲界もすべて物質世界ではないか。地獄も須弥山もすべて物質である。それなのにどうしてここだけを色界と呼ぶのか。それはこういうわけである。

地獄や贍部洲などの欲界の世界では、生き物はみな、肉体を持っている。その意味ではみな「色界」である。しかしここで暮らす生き物は肉体を持つだけでなく、心・心所に強い欲望を持っている。それでこの世界を「色を持ち、そのうえ淫欲や食欲も持っている生き物の世界」ということで欲界と呼ぶのである。それに対して、空中第五番目から上になると、生き物（この場合はすべて天だが）は、肉体はあるが欲望を持たない。これといったストレスもなくフワフワ暮らしている。それで、この世界のことを「肉体はあるが、欲望は持たない生き物の世界」ということで色界と呼ぶのである。

物質世界は欲界と色界の二段階で終わりである。そしてその上位に、さきほど言った、物質のない、心・心所だけで生きている天の世界がある。それは色のない世界であるから当然のこととして「無色界」と呼ばれる。これが、この世界を三レベルに分ける考え方。欲界、色界、無色界、この三つの世界を「三界《さんがい》」と呼ぶ。次にその三界を、さらにもう少し細分化する。なにを基準にして細分化するのかというと、そこに住む生き物の、心の集中状態である。

『倶舎論』に限らず、インド仏教一般、あるいはもっと広く言えば、インド人の文化全般の底流には、「心の集中」すなわち「瞑想」という活動がいつも潜在している。インド語に基づけばこれを「禅定《ぜんじょう》」とも言う。なにをするにしても、心を集中することで得られるパワーこそが、その活力源になるという確信である。したがって生き物のレベルが高尚になればそのぶん、心の集中度もアップすると考える。たとえば地獄で苦しむ最底辺の生き物、いわゆる「地獄の亡者たち」には、心を集中する余裕などない。延々と続く責め苦の中で、心は動揺し千々に乱れるばかりである（そのような心を「散心《さんしん》」という）。地獄より上のレベルとして「餓鬼」「畜生」といった生き物がいるが、これも心の集中とはほど遠い、散心の生命体である。

では人はどうか。地獄の亡者や餓鬼畜生に比べればずっと高尚で、「えいっ」と気合いを入れれば心を集中することができる。半眼になって坐る仏像の姿が、その状態をよく表している。しかしそれは、「心を集中しよう」という強い意志を持って努力した時にはじめてそうなるのであって、凡人が普通に暮らしていれば、心はあちこちさまよい歩く。タコの図で言うなら、刹那ごとに中心のタコ頭電球のいろが変わってしまって、認識が定まらないということである。あるいは、たとえ同じいろが続いたにしても、あれこれと認識対象が移り変わってしまって、一つの対象に的を絞ることができない。つまり人というのは、基本的には散心の生き物なのだが、特別に力を込めれば集中した心を起こすこともできる生き物、ということになる。

これに対して色界や無色界になると、そこに住む生き物たち、つまり色界・無色界の天たちは、もとから心が集中している。ここにいる天たちは、瞑想した状態で生きている。欲界の生き物と違って、色界・無色界の天たちは、生まれながらの瞑想者なのである。しかもその心の集中度は、レベルが上になればなるほど高くなる。どういうふうに高くなっていくのかというと、色界に四段階があり、その上の無色界にもさらに四段階があるという。合わせて八段階である。

もう一度全体をまとめてみる。地獄から空中居住区第四レベルまでが欲界であり、ここにいる生き物は原則として、散心で暮らしている。散心には段階差がないので、欲界全体として一つである。「第一段階の散心」とか「第二段階の散心」といった区分けはない。これに対して、その上の色界には、散心ではなく集中した心（これを「定心《じょうしん》」と言う）の天が住んでいる。そしてその定心の集中度によって四段階に区分される。一番低い段階を初禅《しょぜん》といい、あとは第二禅、第三禅、第四禅と上がっていく。上に行くほど、心の集中度は高くなる。さらにその先に無色界があるのだが、これも同じく四段階に区分される。これはちょっと名前がややこしくて、低い順に空無辺処《くうむへんしょ》、識無辺処《しきむへんしょ》、無所有処《むしょしょ》、非想非々想処《ひそうひひそうしょ》という。別に覚える必要もないが、ともかく無色界に四段階があるという点だけ知っておいていただきたい。したがって、欲界が一つ、色界が四種、無色界が四種の計九段階の区分があることになる。そこに住む有情の心の集中度による区分である。これを「三界九地《さんがいくじ》」と呼ぶ。これは覚えておくと便利である。

私たち人は欲界の生き物であるから、普段は全く集中していない散漫な心で暮らしている。散心の有情である。アラレを食べながらテレビを見てゲラゲラ笑っている時の心は、どこからどう見ても散心そのものである。そういった心には決してすぐれた智慧は生まれない。この世の有り様を見通し、自分のあり方を自力で変えていくには強い智慧の力が必要だが、それには散心ではなく、強く集中した心が必要となる。定心、すなわち瞑想状態の心である。仏道修行とは、いかにしてハイレベルの定心を起こし、それによってすぐれた智慧を獲得し、その智慧で自分自身を変えていくか、というその道筋のことを言うのである。

ところで今、三界九地というこの世の段階が、「有情の心の集中度による区分」で決まっていると言った。上に行くほど、そこで暮らす生き物の心の集中度が高くなるのである。ではこの三界九地の生物界における集中度のレベル差と、人が仏道修行で次第に高めていく自分自身の心の集中度のレベル差にはどういった関連性があるのか。どちらも「心の集中度にレベル差がある」という点で共通しているが、両者にはなんらかの対応関係が成り立っているのだろうか。

これについて『倶舎論』では、「両者は直接対応している」と考える。たとえば私が瞑想修行に入って心の集中度を高めていくと、ある段階で、私の心は色界初禅の生き物（初禅天）と同じ集中度に達する。もっと頑張れば色界の第二禅、第三禅、そして最終的には無色界の非想非々想処天の心と同じ集中度にまでいく。身体は欲界にあって、足を組んで坐っている私だが、その心は、色界や無色界の神々と同じ集中度に高まっているということである。そして瞑想をやめて立ち上がれば、心はたちまち散心に戻り、「身も心も」欲界の生き物に戻る。こういうかたちで修行者は日々、智慧を生み出すための修行を続けているのである。

瞑想状態のレベルの違い

これでようやく、空間構造論の大枠を語り終わった。本当はまだ、宇宙が時間経過とともにどう変化していくかという「宇宙の時間的サイクル」や、欲界、色界、無色界が実際にはピラミッド構造になっているという話、あるいはそのピラミッド世界が上下左右に繰り返し連続することで全体を構成しているという「繰り返しパターン説」など、言うべきことはいろいろあるが、『倶舎論』の基礎を理解するための必須知識ではないので省略する。

そこではじめに戻って、「無想定」「滅尽定」「無想果」という三種の心不相応行法を考える。「無想定」「滅尽定」という最初の二つは、どちらも「定」という語がついていることからわかるように、「禅定」つまり瞑想のことである。したがって「無想定」も「滅尽定」もある種類の瞑想状態を指している。それはすでに言ったように、心・心所の活動が完全に停止するという、とても特殊な瞑想である。これは欲界に住む私たち人や、あるいは色界にいる天でも行なうことができる。ではなぜ同じ「心・心所停止状態」なのに、「無想定」「滅尽定」という二つの違った種類があるのかというと、それは瞑想のレベル差による。

「無想定」というのは低レベルの「心・心所停止状態」であって、入ってはならない誤った瞑想状態とされている。ここに入ると、まるで輪廻から完全に離脱した究極の不変化状態（無余依《むよえ》涅槃）に入ったかのような錯覚に陥るので、すっぽりとはまり込んで抜け出せなくなる。ここに入っている間は本当の修行の道がストップしてしまって、そのぶん、大変なロスになる。したがって修行者はこの瞑想に入らないよう心がけねばならないのである。「無想定」に入った者の心は、欲界・色界・無色界の三区分のどの段階の生き物の心と同じになっているかというと、色界第四禅の状態である。色界第四禅にもいろいろな種類の天がいて、その内部がさらに八段階に分かれている。そしてその中、下から三番目の「広果天」というレベルにいる天の一部の者たちは、「心・心所停止状態」にあるといわれている。このような状態の天を、特に「無想果」の天という。「無想定」に入った者の状態は、この無想果の天の「心・心所停止状態」と同じになるのである。無想果の天を無想天とも言う。

これに対して「滅尽定」は大変良い状態である。「滅尽定」は、悟りへの道を上っている者が最後の煩悩を消すために必要とするきわめつきの瞑想状態であり、これによって、最も微細で消しにくい煩悩を消すことができるのである。ここに入る者は、ちゃんと「今から入る瞑想状態は、決して最終的な涅槃ではなく、その前段階となる単なる瞑想状態なのだから、そこに沈潜してはならない」と自覚してから入る。無想定とは全く意味の違う、ハイレベルの瞑想なのである。

なぜこの二つの瞑想状態が「心不相応行法」に入っているのか、おわかりだろうか。無想定や滅尽定に入ると、その者の心・心所は停止状態になる。言ってみれば擬似的な涅槃状態である。もしそれが本当の無余依涅槃であるなら、その停止状態がそのまま無為法であるから、決して二度と心・心所が再稼働することはない。しかし無想定や滅尽定では、停止状態はある一定の期間継続するだけで、時がくれば再び心・心所が動き出す。ではその一定期間の停止状態において、心・心所が再稼働するために必要なエネルギーはどこに保持されているのか。肉体にそのような働きはないし、心・心所は停止してしまっている。そこで「その無想定・滅尽定という瞑想状態そのものがエネルギー的要素であって、そこに入っている者には自ずから再稼働のエネルギーが保持されている。だからこそ無想定も滅尽定も、一定期間で終了し、元の状態へ復帰することが可能なのだ」と考えたのである。こういった理屈を認めず、再稼働のパワーを別の方式で説明しようとした仏教の思想グループもあったが、有部の正統説では、無想定、滅尽定という「心不相応行法」をその根拠としていたのである。

無想定、滅尽定のほかに、無想果という名の「心不相応行法」もある。これは以下のような理由で設定されている。

大変奇妙な話だが、人や天が瞑想状態に入って、心の集中度がある特定の高さのレベルに達すると、その者の寿命が終わって死んだあと、その者は「その特定の高さのレベルを持った天の世界に生まれることができる」というのである。たとえば人が修行した結果、心が初禅のレベルに達したとすると、その人は死んだあと、その初禅の天として生まれる可能性を獲得するということである。特に無想定の場合にはこの連携システムが厳密に設定されていて、無想定に入るという経験を経た者は、寿命がきてその生が終わったあと、必ずその無想定に入った時と同じ集中度の心の天に生まれる。それが色界の第四禅の中にある「無想天」である。そして面白いことに、この無想天の神々は、心・心所停止状態でそこに生きている。

つまりこういうことである。私たちが人に生まれて瞑想修行し、無想定に入ったとすると、その時私たちの心・心所は停止する。しかし無想定のエネルギーの力があるので、一定時間のあとそれは再稼働する。そして無想定から出て再び心・心所の活動を開始した私たちは普段どおりの状態で一生を過ごす。そしてその一生が終わって死ぬと、次には色界の中の無想天という空中居住区に天として生まれるのだが、生まれたとたんに心・心所は停止し、無想定に入っていた時と同じく、擬似涅槃状態となる。そしてそのあと、無想天の神として存在している間じゅう、心・心所停止状態を維持していく。そして無想天としての寿命が終わり、最後の瞬間に心・心所が再稼働して、そこで死ぬ。そしてまた輪廻して次の生へと移り変わっていく。この、無想天に生まれている状態を無想果と呼ぶのである。したがって、無想果の心・心所停止状態もまた、無想定と同類のエネルギー状態として設定されるのである。

七十五法の表を見ると、無想定と無想果はペアになっているのに、滅尽定にはペアの相手がない。これはなぜか。滅尽定を起こすためには、この世で最も高度な精神集中状態である非想非々想処のレベルの心を起こさねばならない。それを使うことで滅尽定に入ることができるのである。しかし滅尽定の場合は、その心を起こして滅尽定に入った者がそのあとで死んで非想非々想処天に生まれても、そこは心・心所停止状態の場所ではない。非想非々想処天の神々の心・心所は活動しているのである。また、滅尽定の場合には、そこに入った者が、必ず非想非々想処天に生まれ変わるというわけでもない。滅尽定は大変すぐれた瞑想段階なので、すでに悟りを開いた者（阿羅漢《あらかん》）が入ることもあるが、阿羅漢は寿命がきて死ぬと、そのまま涅槃に入ってしまい、生まれ変わることがない。つまり、滅尽定に入ったのに、そのあと非想非々想処天に生まれ変わることなく涅槃してしまうということである。こういった理由で、滅尽定にはペアになる「滅尽果」といった項目が存在しないのである。

三　そのほかのエネルギー概念

生命保持のエネルギー——命根

次の心不相応行法は「命根《みょうこん》」である。これは理解しやすい。私たち生き物が特定の長さの寿命を持って一生を送る、その寿命を保持する生命力のエネルギーである。この寿命があるおかげで、生き物は体温と識（つまりタコの頭）を保持することができ、それがすなわち「生きている」ということになるのである。寿命の力がなくなればその生き物は死ぬ。そして煩悩と業の力によって次の生へと輪廻していくのである。命根の説明はこれで終わる。

時間生成のエネルギー――有為の四相

次に四つの心不相応行法をまとめて説明する。「生《しょう》」「住《じゅう》」「異《い》」「滅《めつ》」という四法である。これは、有為法が未来から現在、現在から過去へと移り変わっていく、その移り変わりを生み出す原動力としてのエネルギーである。すでに映写機の譬喩を使って説明したように、有為法は未来から現在へと移行してそこで作用し、そして過去へと落ちていく。この、未来から現在、現在から過去への有為法の移り変わりを私たちは「時間」として感じ取るのである。その場合、未来に存在している無限の可能性の中から、特定の状況の有為法だけが選択されて現在へと移行してくるプロセスで、何がその法を選択するのかというと、それは因果の法則である。すでに詳しく説明した業の因果関係もその一つだが、ほかにも様々な原因と結果の関係性がこの世界には存在している。それらの法則が複雑に入り交じり、その行き着く結果として、ある特定の状況が「現在」として選択されるのである。

しかしそれだけで話は終わらない。その選択された未来の有為法が、現在の一刹那前にある「正生位」というフォルダーにカチッとはまり、それが次の刹那には「現在」へと送り込まれてスクリーン上に写り、その次の刹那には過去のリールに巻き取られていくという、この一連のコマの動きを可能にするためには、「コマ送りのためのエネルギー」が必要だと、『俱舎論』では考える。その「コマ送りのためのエネルギー」が「生」「住」「異」「滅」という四つワンセットの心不相応行法なのである。この四つは個別に存在することはない。必ずワンセットである。未来の「正生位」にある有為法が現在へと移行して、「現在という一刹那に姿を現すために必要な法」が「生」であり、「現在という一刹那で固定的に存在するために必要な法」が「住」であり、「現在という一刹那から消滅し始めるために必要な法」が「異」であり、そして「現在という一刹那で消滅するために必要な法」が「滅」である。したがって、「生」「住」「異」「滅」の四法は、現在という一刹那の中に揃って存在し、ある特定の有為法が現れて消える、その動きを順に促進する。「現在」というわずか一刹那の間に、「生」↓「住」↓「異」↓「滅」の順で作用して、有為法のコマを一コマ進めるのである。したがってこの「生」「住」「異」「滅」の四法は、まとめて「有為の四相《しそう》」とも呼ばれる。「有為法が時間的に変移する時、必ず付随する四法」という意味である。

時間の流れを止めて、フリーズした「現在」という一コマの全体を眺めてみよう。それは、底辺の風輪《ふうりん》から須弥山の山頂に至る世間全体（これを器世間《きせけん》と呼ぶ）および、その中や、その上空で生きる有情たちの世界を丸ごと含んでいる。膨大な数の有為法の集積体である（無為法は映写機と関わらないので含まれていない）。その一つひとつの有為法すべてが、それぞれ個々に、「生」「住」「異」「滅」という四個ワンセットのエネルギーを持っている。たとえば私という一生物を取り上げてみても、私の肉体をつくるすべての極微の一粒一粒や、心法や、その心法と「相応」している数十の心所法のすべてが、一個一個別々に、「生」「住」「異」「滅」セットを持っているのである。それだけではない、私に含まれる心不相応行法もまた、有為法であるから、やはり「生」「住」「異」「滅」を持つ。「得」や「非得」や「衆同分」や「命根」といったエネルギー概念は、必ず私に付随して存在しているが、それらの法にもすべて「生」「住」「異」「滅」がついてくるのである。「現在」を構成する、ありとあらゆる有為法の一個一個に、「生」「住」「異」「滅」のワンセット、つまり「有為の四相袋」がぶらさがっている、と考えるとわかりやすい。

もちろんこれは「現在」という段階にある有為法にだけ現れる現象である。未来の法や過去の法とは関係しない。「有為の四相」は、未来から現在、現在から過去へと映写機のコマが送られていくために必要なエネルギーなので、未来の袋の中で舞っている法や、過去のリールに巻き取られてしまった法には付随しないからである。

ここでよく考えると、重大な疑問が生じてくる。「生」「住」「異」「滅」という四つの心不相応行法もまた、一種の有為法である。それが、「現在」を構成するすべての有為法の一個一個にセットとして付随してくる。それならば、その「生」「住」「異」「滅」という四法自体にも、「生」「住」「異」「滅」が付随してくるのではないか。「生」「住」「異」「滅」という法は、有為法が未来から現在、現在から過去へとコマ送りされるためのエネルギーであるから、「現在」に存在しているすべての有為法に付随し、その全体をシンクロさせて過去へと送っていく作用を持つ。したがって、その「現在」という一コマに含まれるすべての有為法に一つ残らず付随しなければならない。そして「生」「住」「異」「滅」という心不相応行法もまた、その「現在」に含まれる有為法なのであるから、その一個一個にも「生」「住」「異」「滅」が付随しているはずだ、という理屈である。『倶舎論』では、この理屈を認める。そして「有為の四相の各々にもまた、有為の四相が付随する」と言うのである。「有為の四相の有為の四相」がある、ということになる。『倶舎論』ではそれを「生生、住住、異異、滅滅」（あるいはまとめて「随相」とか「小相」）と呼ぶ。この関係を少し注意して説明しよう。

なんでもよいからある一つの有為法があり、それが「現在」の状態にあると仮定しよう。現在にあるのだから、その法には必ず、「生」「住」「異」「滅」という四つの心不相応行法が付随している。そしてその「生」「住」「異」「滅」の各々にもまた「生」「住」「異」「滅」の四法が付随している、というのだが、その場合、「生」という一つの法に「生」「住」「異」「滅」がぶら下がり、「住」という法にも「生」「住」「異」「滅」がぶら下がる、といった具合にカスケード状に広がるのではない。「生」「住」「異」「滅」があり、それとは別個に「生生」「住住」「異異」「滅滅」という四つの法があると考えるのである（図4－3）。最初に想定した一つの有為法を「本法」と呼び、それに付随する「生」「住」「異」「滅」を「本相」、二次的に付随する「生生」「住住」「異異」「滅滅」を「随相」と呼ぶことにする。「現在」にある個々の有為法にはすべて、これだけの法が一刹那に存在していることになる。

この九法のうち、本相の「生」は、自分自身以外の八法を、未来から現在へと引っ張り出してくる。そしてその、本相の「生」自身は、随相の「生生」によって引っ張り出される。つまり本相の「生」は自分以外の八法を現在に引っ張り出し、随相の「生生」

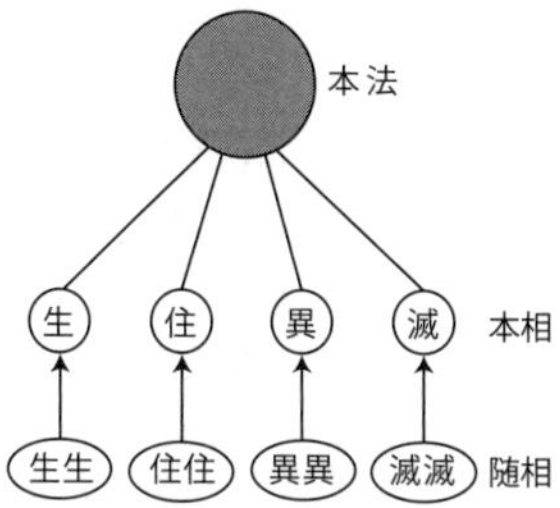

図4－3　有為の四相

は本相の「生」一つだけを引っ張り出すということになる。「住」「異」「滅」に関しても全く同様で、本相の「住」は、自分自身以外の八法を現在という状態に留め、「住」自身は「住住」によって留められる。本相の「異」は、自分以外の八法を変移させ、自分自身は「異異」によって変移させられる。そして本相の「滅」は、自分以外の八法を現在という状態から消去して過去へと送るが、自分自身は「滅滅」によって消去されるのである。

このメカニズムの特徴は、本相と随相の間の相互作用にある。本相と随相が互いの存在を制御し合うという関係になっており、そのため無限連鎖の矛盾が回避されているのである。もし本相と随相の関係が、上から下への一方向で繋がっているとすると、「生」を生み出すための「生生」が必要であり、その「生生」を生み出すための「生生生」が必要だ、という具合に必要な法の数が無限に増えていってしまう。このような状況を回避し、しかもすべての有為法がそれぞれに四相を持つという条件を満たす理論として、このような本相と随相の相互作用関係を設定しているのである。この随相（「生生」「住住」「異異」「滅滅」）は、本質的には本相（「生」「住」「異」「滅」）と同じタイプのエネルギーなので、別分けにせず、まとめて「生」「住」「異」「滅」というくくりに入れる。そのため、七十五法の表には「生」「住」「異」「滅」しか現れないのである。これで「生」「住」「異」「滅」という有為の四相の説明を終わるが、最後に有為法の原理的要点を述べておく。

有為法のサンスクリット原語は「サンスクリタダルマ（samskrtadharma）」といい、「つくられたもの」という意味である。それは「なんらかの原因によって未来から現在へと現れて作用する可能性を持つもの」である。したがって有為法が未来から現在へと移行して、そこで作用することに関しては、必ずなにかの原因がある。原因なくして、なんらかの有為法が現在に現れる、ということは絶対にないのである。この原理により、「この世にはいかなる超自然的絶対者も存在せず、あらゆる現象は、原因と結果の因果則によってのみ生じる」という仏教の基本的世界観が裏づけられるのである。

しかしその一方、なんらかの原因によって現在に現れた有為法が、たった一刹那とどまっただけでたちまち過去へと落ちていく、その消滅の原理には有為の四相以外、なにも原因がない。有為法がなんらかの原因によって未来から現在に引っ張り出されてきたその段階で、その有為法には「生」「住」「異」「滅」の四法がひとりでに付随し、その作用によって一刹那でひとりでに滅していく。有為法は本質的性質として刹那滅なのであって、それは決して避けることのできない定則である。二刹那以上「現在」にあって作用し続けることのできる有為法などというものは一つもないのであって、世のすべての有為法は、現れた瞬間に消えることになっている。有為法は例外なく「諸行無常」なのである。

音声言語の伝達エネルギー——名身、句身、文身

無為法から始めて、七十五法を順に語ってきたが、いよいよ最後になる。それは心不相応行法の末尾、「名身《みょう》」と「句身《く》」と「文身《もん》」である（以下略して名・句・文と呼ぶ）。「名」「句」「文」とは音声による言語伝達のことで、そこには単なる音とは違う、特別な

伝達エネルギーが存在していると考えるのである。言語が、ある特定の概念、想念を他者に伝達する、その特殊な働きを指す。

そのうち、「名」とは「ものごとの名称」。「象」と聞けば、人がその概念、イメージを心に浮かべるような場合である。「ぞ」と「う」という二音節なので、それを聞くのには二刹那かかるが、二刹那目の「う」を聞いた段階で概念伝達が終了する。ということは、「ぞうに（雑煮）」という語を聞く場合、「ぞ」と「う」を聞いた段階でその人には「象」の想念が発生するが、次の「に」を聞いた刹那、前の「象」の想念は消滅し、新たに「雑煮」の想念が生まれるということである。

次の「句」とは文のことである。「私は昔から海が好きだ」というように、一つの意味が完全に表されるようなもの。そこにおいては動作や性質や時制の関係が示される。

そして最後の「文」とは、音節である。「ア」「アー」「カ」「ガ」などである。『倶舎論』では、このような短い音節もまた、一つひとつが法としての実在性を持つと考えるのである。

＊

以上で心不相応行法の説明も終わり、『倶舎論』が挙げる七十五法すべての大枠を語り終えた。その間に、時間論や業の構造、宇宙論なども語った。これで『倶舎論』における「この世の基本構造」は、そのほとんどが示されたことになる。ここで第四章を終え、このあとの第五章で、業以外の因果法則について述べていくことにする。

第五章

総合的に見た因果の法則

——六因と五果

本書は、『倶舎論』が示す仏教的世界観と、そういった世界観が構築されるに至った理由を紹介することに主眼を置いている。最初に無為法について語り、それに続いて色法、心・心所法、そして心不相応行法といった種々の有為法を説明した。それらの法が未来から現在、現在から過去へと移り行く、時間発生のメカニズムも解説した。地獄から天界まで、有情が暮らすこの世の宇宙観についても語った。そして、業の異熟による倫理的因果則についても大枠を示した。もう言うべきことはほとんど言ってしまったが、最後に業の因果則以外の、一般的因果関係における定則を紹介しよう。

業の因果則は、「善いことをすればいずれ楽がくるし、悪いことをすれば苦しみがくる」といったかたちの倫理的な因果法則である。これは仏教に限らず、古代インド社会全体に広く浸透していた通念であり、仏教もそれを取り入れたのである。したがって業の因果則は、最初期の仏教経典にすでに現れており、仏教の中心的な教義として重視されてきた。

これに対して、倫理的要素を含まない、より一般的な因果関係はさほど重視されず、全体的に体系化されるのはアビダルマの時代になってからである。たとえば有為法が未来から現在へと現れてくる、その現れ方で、なぜ前の刹那に出現した法とよく似た法が次の刹那に現れるのか、といった問題は、この段階ではじめて深く考えられるようになる。そういった因果則の全体を『倶舎論』では、「六因《ろくいん》、五果《ごか》、四縁《しえん》」という枠組みでとらえている。以下、それについて説明していこう。

「六因、五果、四縁」とは、この世の因果則を分類すると、六つの因と五つの果と四つの縁に分けられる、という意味である。「六つの因と五つの果」というのはわかりやすい。原因に六種あり、そこから生じる結果に五種類がある、という意味である。では三番目の「四つの縁」とはなにか。実はこれは、内容は「六つの因」と同じものを指す。六因と四縁は実際は同じ概念である。どちらも「この世を動かす原因」、言い方を変えれば「未来にある有為法を現在へと引っ張り出してきて、時間を生み出すことになる要因」である。それがなぜ違った二つの分類で語られるのかというと、それは、この二つの分類方法が違った場所で生み出されたからである。歴史的に見ると、仏教世界では「四縁」の方が古くから用いられていた。すでに最初期の経典の中に現れている。これに対して「六因」の方は説一切有部独自の考えで、成立はずっと新しい。その両方を並べて置いているので、同じ「原因」という概念が「六因」と「四縁」という重複する分類で示されることになったのである。したがって実際には、六因と五果だけを説明すればこの世の因果則の基本はわかる。そこで本書では「四縁」の解説は省略し、六因と五果の関係だけを見ていくことにする。

六因と五果について語る。六つの因とは、①能作因《のうさいん》、②倶有因《くういん》、③相応因《そうおういん》、④同類因《どうるいいん》、

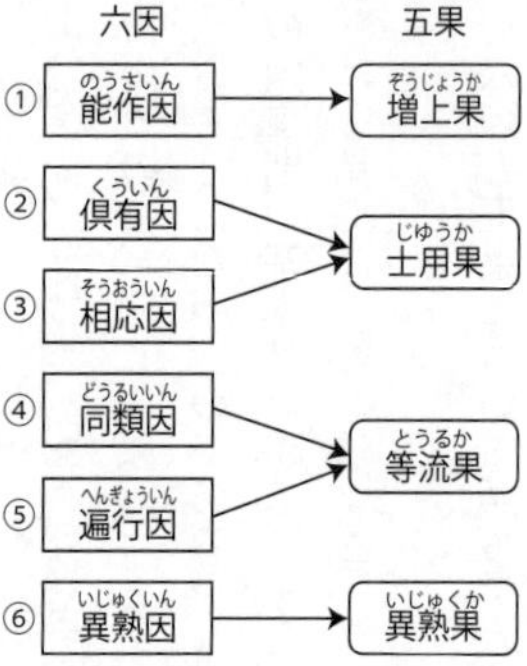

図５－１　六因と五果

⑤遍行因《へんぎょういん》、⑥異熟因《いじゅくいん》である。そして、この六つの因から、五種の果が生まれてくるという。増《ぞう》上果《じょうか》、士用果《じゅうか》、等流果《とうるか》、異熟果《いじゅくか》である。因と果の対応関係は図5－1に示しておいた。ここには果が四種類しか表示されていないが、このほかに五番目の果として離繫果《りけか》がある。これについては第四章で説明した。例の、ソケットにはまる蓋である。離繫果は有為法と無為法の中継ぎをする特異な果であるから、一般的な因果関係の中には入れない。図5－1にも現れてこない別格の果である。

このように面倒な術語が絡み合って出てくると、とたんに頭が拒否反応を起こし、読み続けるのがいやになってしまう。私自身、今までさんざんそういう体験をしてきたのでよくわかる。そこで、もっとダイレクトに中身がわかるよう、私が勝手につくった名称に置き換えて解説する。①が「いても構わないよ」因（＝能作因）、②「互いに支え合おう」因（＝倶有因）、③「心・心所で互いに支え合おう」因（＝相応因）、④「仲間よ後に続け」因（＝同類因）、⑤「煩悩仲間よ後に続け」因（＝遍行因）、⑥「後になって業の果を引き起こす」因（＝異熟因）。これからは、この名前を使って話を進めていく。

正式な呼び名がなんであったか確認したい方は、このページに戻って確認していただきたい。

① 「いても構わないよ」因

これはとても変わった因果則で、ある法が、別の法の発生を妨げない場合、その法は、その別の法の存在原因だ、というのである。例を挙げればすぐわかる。太陽系のはるかかなた、たとえばアンドロメダ星雲の星々もみな有為法でできている。私という存在は地球の上にあり、一方アンドロメダ星雲にはアンドロメダ星雲の有為法がある。両者は互いに相手の存在を邪魔していない。私のせいでアンドロメダ星雲が存在できないとか、アンドロメダ星雲を形成している有為法が私の存在を妨害しているとか、そういった関係にはない。私を構成する有為法とアンドロメダ星雲を構成する有為法は互いに「いても構わないよ」という立場で相手の存在を受容している。これを『倶舎論』ではある種の因果関係だと考えて、「いても構わないよ」因（能作因）を設定するのである。今の場合なら、私はアンドロメダ星雲にとっての「いても構わないよ」因であるし、逆にアンドロメダ星雲は私にとっての「いても構わないよ」因である。私が「いても構わないよ」因だとすると、そのおかげで存在しているアンドロメダ星雲は、その「いても構わないよ」因の結果である。この果のことを、専門語では「増上果」と言う。これまたわかりにくい用語なので、ここでは「いても構わないよ」果と呼ぶことにする（原因と結果の名称については図5－1を見よ）。つまり私が「いても構わないよ」因で、アンドロメダ星雲は「いても構わないよ」果であり、逆にアンドロメダ星雲が「いても構わないよ」因で、私が「いても構わないよ」果でもある、という関係である（図5－2）。

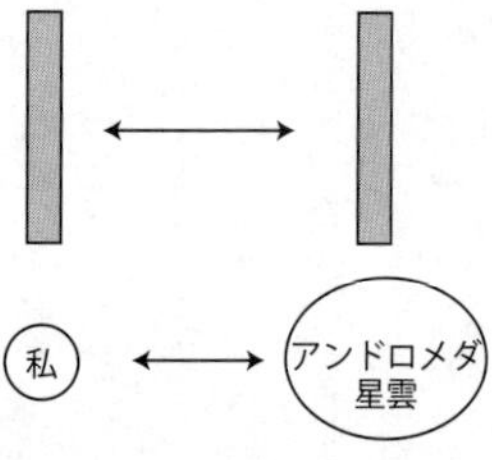

図5－2　「いても構わないよ」の因果関係

「いても構わないよ」因の働きは、現在だけでなく未来の有為法に対しても作用する。今現在の私の存在は、今現在のアンドロメダ星雲にとっての「いても構わないよ」因であるばかりでなく、これから現れるであろう未来のあらゆる刹那のアンドロメダ星雲の「いても構わないよ」因でもある。まず現在のアンドロメダ星雲を考えた場合、私という「いても構わないよ」因と、現在のアンドロメダ星雲という「いても構わないよ」果は、同時存在であるから、その因果関係は同時因果、つまり同じ瞬間に二つの法が互いに因となり果となる、相互依存関係になる。一方、未来のアンドロメダ星雲の場合は、今の私が「いても構わないよ」因なのだが、その後現れるであろうアンドロメダ星雲はまだ現在に現れてきていない。未来にとどまっている。つまり因と果は時間的にずれるのである。そして時が過ぎて未来のアンドロメダ星雲が現れてきた段階で、「いても構わないよ」因である私はすでに過去に過ぎ去っている。この場合は、相互依存関係にもとづく同時因果ではなく、原因↓結果という継時的な因果関係になるのである。このように、「いても構わないよ」因果則は、時間を超えて、すべての有為法の間に成り立つ、最も基本的で広範囲な因果則なのである。

「私」とか「アンドロメダ星雲」といった個別のケースを考えるのはやめて、「過去の有為法」「現在の有為法」「未来の有為法」というスケールで考えてみよう。過去のリールに巻き取られてしまった有為法はすべて、一刹那だけ現在を通過した経験を持っている。つまりほかの法に邪魔されなかったおかげで現在に現れたという経歴を持っているのだから、「いても構わないよ」果である。そしてそうやって現在に現れた時には、ほかの法の発生を妨げないという働きをしたのだから「いても構わないよ」因でもある。次に現在の有為法を見ると、今、現に現れてきているし、ほかの法の発生を邪魔しないという作用も行なっているから、「いても構わないよ」果でありかつ「いても構わないよ」因でもある。そして未来の有為法は、まだ現在には下りてきていないのだから、実際に「いても構わないよ」因として作用しているわけではないし、「いても構わないよ」果として現在に現れてきているわけでもないが、いずれ現在に現れた段階で必ず「いても構わないよ」因として作用し、自分自身が「いても構わないよ」果として現れることは確定している。したがって全体を見るなら、三世にわたってのすべての有為法は、「いても構わないよ」因果則での因と果になるのである。

この因果則に基づいて世界を見渡すと、世の中のものは物質であろうが心・心所であろうが、一切合切が互いの存在を許容するという関係で繋がっているということになる。決して積極的な意味での依存関係ではないが、ともかく「すべては関係している」という世界観が現れてくるのである。

一切の有為法は「いても構わないよ」因果則によって存在しているのだが、では無為法はどう関わってくるのだろうか。無為法の場合、自分自身はほかの法によって生み出されたものではないし、支えられているものでもない。「ただそれだけがある」という、独立存在である。したがって無為法がほかの法のおかげで生まれ出てくることなどないから、「いても構わないよ」果になることはない。だがその一方で、「無為法がなにも邪魔しないおかげで、すべての有為法は生起することができる」と言うことはできる。たとえば「絶対真空空間」である虚空は、いかなる有為法の存在も妨害しないから、有為法にとっての「いても構わないよ」因である。こう考えると無為法の場合、「いても構わないよ」因ではあるが「いても構わないよ」果には絶対にならない、ということになる。すべての有為法の生起を助けるが、自分は誰の助けも受けない、という立場である。

このように「いても構わないよ」因果則は、きわめて広く、そしてきわめて消極的なかたちで世界全体に遍満した因果則であることがわかる。それは因果則というよりむしろ、「繋がりの確認」といった意味合いの世界観である。ただ、『倶舎論』を見ると、同じ「いても構わないよ」因果則が、もう少し積極的な意味で用いられているケースも見られる。たとえば「五根と五境が能作因(『いても構わないよ』因)になって五識を生起させる」とか、「有情の共通業が因となって須弥山などの無機世界(器世間)を生起させる場合、それは『いても構わないよ』果として生起する」といった現象は、AからBが生じる、というかたちの強い因果関係である。おそらく、六因五果の全体枠が決まったあと、そこに入りきれない現象を、一番適用範囲の広い「いても構わないよ」因果則に放り込んでいったからではないかと思う。その結果、それはごく普通の日常的な因果関係として、広く一般化していった。しかしそういった後の変更はおくとしても、「いても構わないよ」因果則という、全世界をもれなく繋いでいく因果関係が設定されていたという事実は面白い。

② 「互いに支え合おう」因

これは、いくつかの複数の法が同時に、そして互いに支え合ってなにか一つの大きな系を構成している場合の因果則である。このように、複数の法が相互に依存しあい、支え合ってなにかを構成している場合、その個々の法は、自分以外の法にとって因であり、かつ自分以外の法のおかげで成り立っている果でもある(図5-3)。このような場合

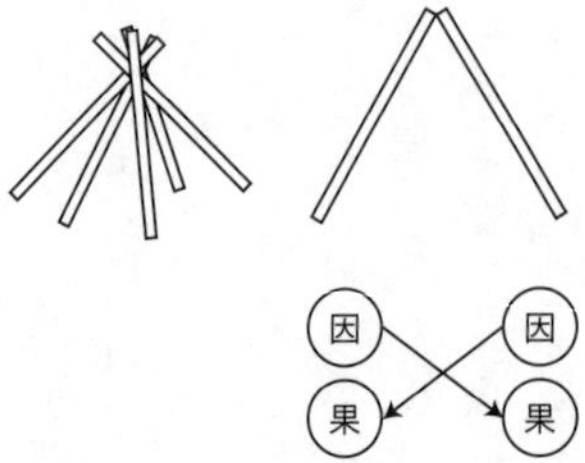

図5－3「互いに支え合おう」の因果関係

の因を「互いに支え合おう」因（倶有因）といい、果を「互いに支え合おう」果（士用《じゆう》果）というのである（図5－1参照）。

この因果則の一番の特徴は「同時性」である。系を構成する要素の互いが互いの「互いに支え合おう」因であり「互いに支え合おう」果でもあるのだが、それはその刹那の中でだけ成り立つ関係である。今現在の要素が、過去に過ぎ去ってしまった系を構成しているわけではない。互いに寄り合って一つの系を構成しているというその状況は、あくまで一刹那ごとの現象として現れているのだから、「互いに支え合おう」因果則は、その一刹那の世界でだけ成り立つ、と考えるのである。したがって「互いに支え合おう」の因果関係は必ず、現在という一刹那の内部で成立する。先に述べた「いても構わないよ」因果則の場合は、「AがBに作用する」といった積極的な意味はなく、単に「邪魔しない」というだけの話であったから、三世の全体にわたってその因果則を適用することが可能だったが、今の場合は、実際になんらかの系を構成するという現実的な作用に関わる原因結果関係なので、関係性がより厳密になるのである。この因果則によって成り立つ系を具体的に挙げてみよう。

1. 四大種　第一章で述べたように、この世の色法はみな、地・水・火・風という四大種の極微《ごくみ》がつくるおみこしと、その上に乗った所造色でできている（ただし無表色は除く）。その四大種がつくるおみこしは、「互いに支え合おう」因果則によって成り立つ系である。この四要素は必ず一緒に現れ、そして色法の世界を支える土台を形成する。そういう意味で、地・水・火・風はそれぞれがそれぞれの「互いに支え合おう」因となり、「互いに支え合おう」果となるのである。

2. 有為法と、その法に付随する有為の四相（生・住・異・滅）　前の章で言ったように、あらゆる有為法は、未来から現在へと現れてくる段階で、有為の四相という四つの心不相応行法を引き連れてくる。それが映写機のコマを駆動して、有為法を未来から現在、そして過去へと送っていくのである。この、有為法が現在に現れてくる際のワンセットすなわち、本体の有為法と、それに付随する有為の四相という、計五つの法からなるセットは、「互いに支え合おう」因果則で成り立つ系である。互いが互いの存在を支え合い、一つたりとも欠損が許されないという原理で成り立っている。したがって、この五つの法は、相互に「互いに支え合おう」因となり、「互いに支え合おう」果となる。

注目すべきことに、「生生、住住、異異、滅滅」という、第二段階の四相（随相）は「互いに支え合おう」因果則に含まれない。「入れてやればいいではないか」と思うのだが、どういうわけか外に置かれるのである。おそらく、本体の有為法との関係性が薄いので、二次的な要素として除外されるのであろう。

3. 心と、その心に従って起こる諸法

ある生き物の心が現在に生起している際、その心と必ず一緒になって起こってくる法はすべて、互いに「互いに支え合おう」の因と果になる。心・心所が集まってつくる一個の系は、タコの姿で表現してきたが、ここで考えているのはタコだけでなく、その心・心所法に必ず付随して起こってくるお伴の法も全部含めた大きなスケールでの系である。その系の要素はすべて、互いに「互いに支え合おう」因となり、「互いに支え合おう」果にもなる、と言っているのである。

では最小限、一体どれだけの法が、必ず心と一緒になって起こってくるのだろうか。『倶舎論』では次のように考える。中心にあるタコの頭と、そこから伸びる何本もの足、つまり心・心所法のセット。これはもう言うまでもなく、一個のセットである。ある刹那に、心と一緒に起こってきている心所法は、「その心と一緒に起こってくる法」である。ほかにはどのような法が心と一緒に起こってくるのか。その心・心所法の一つひとつが有為法であり、それが現在という刹那にきているのだから、その一つひとつに有為の四相がぶら下がっているはずである。それもまた、タコを形成する必要要素になっている。さらには、心法本体に付随する、第二段階の有為の四相、つまり「生生、住住、異異、滅滅」という四個も、「その心と一緒に起こってくる法」である（図5－4）。これだけが「心と必ず一緒になって起こってくる法」である。ただしそのうち、「生生、住住、異

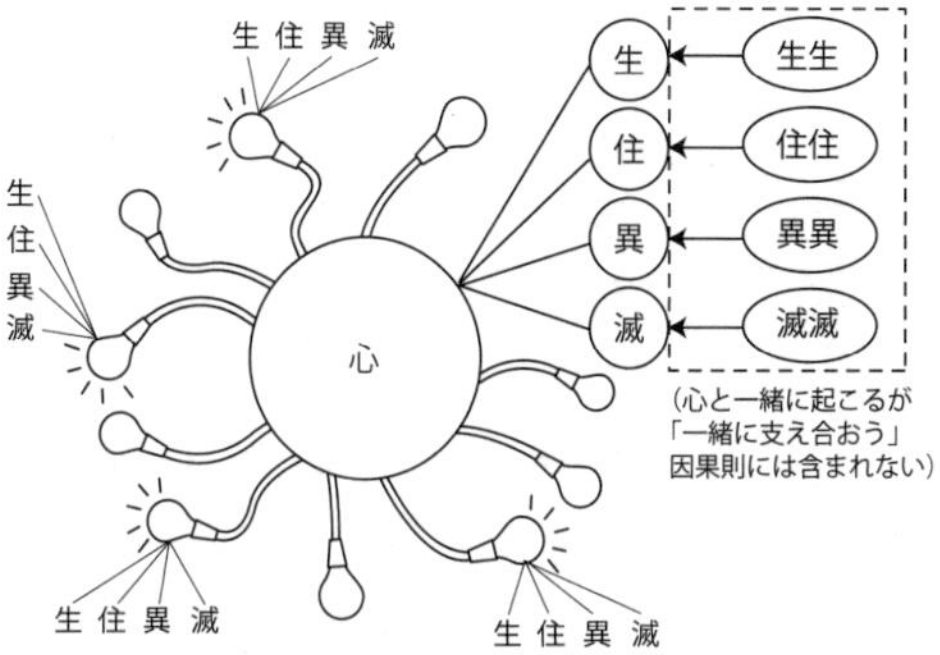

図5-4　心とその心に従って起こる法（心所のうち、光っているものだけが該当する）

異、滅滅」の随相は、「互いに支え合おう」因果則には含まれない。

　本書を（まじめに）読んでこられた読者なら、ここで疑問が起こるはずである。「得・非得はどうなんだ」という疑問である。直前の第四章で、心不相応行法の最初に得・非得というものがあり、それは一種の結合エネルギー・分離エネルギーだという話をした。それは、有情だけに関わるものであり、有情の要素集合体（相続）を形成する肉体と心・心所などには得・非得が付随して生じてくるとされているのである。それならば得・非得もまたタコを形成する必要要素なのではないか。なぜそれがここに含まれてこないのか、という疑問が生じるのはごくあたりまえのことである。

　答は以下のとおり。それらはたしかに心・心所の統合体としてのタコが現れてくる際には必ず一緒に現れて作用する。しかし心・心所がない場合でも、単独で現れて作用することがある。それはどんな場合かというと、無想定、無想果、そして滅尽定に入った場合である。これらの状態に入った生き物は、心・心所停止状態となるが、肉体はそのまま存続する。得・非得は心・心所だけでなく肉体にも付随して、一個の生命体としてまとまったかたちで保持するという働きを持っているので、心・心所停止状態の生き物にも起こってくる。つまり得・非得は、心・心所がないところでも出現可能なのである。これはほかの心所や、あるいは心・心所に付随する有為の四相とは性質が異なる。タコを構成するのに不可欠で、しかもタコのないところに単独で現れることがない、という基準を設定するなら、得・非得は除外されてしまうのである。

同じ理屈が、命根や衆同分についてもいえる。これらの心不相応行法も、必ず有情に付随して起こってくるのだが、無想定、無想果、滅尽定に入っている間も途切れることなく生起してくるので、「必ず心に付随して起こってくる法」とは言えないので、除外されるのである。

こういった事象が、「互いに支え合おう」因果則の実例である。『倶舎論』が同時因果性というものを、ごく普通の法則として導入していたことがわかる。

③「心・心所で互いに支え合おう」因

名前からわかるとおり、これは今言った「互いに支え合おう」因の一種であるが、中でも特に心・心所の集合体だけを取り上げて言う場合に使う。この「心・心所で互いに支え合おう」因の本名は「相応因」というのだが、すでに説明したように、「相応」という語は特殊用語で、心・心所が結びついて一個のタコとなり、「現在」に現れてきている状態の、その心・心所の結びつきを指す。それで私は、「相応因」を「心・心所で互いに支え合おう」因と訳したのである。

この世には、複数の要素が集まって一個の大きな系を形づくる例はいくらでもある。その場合、各要素はみな「互いに支え合おう」因となり、「互いに支え合おう」果ともなる。先に挙げた「四大種」などはその典型的な例である。しかしその中でも心・心所がつくる系は仏教にとって特に重要な意味を持つ。修行の目的が、煩悩系心所の完全な遮断にある以上、心・心所をどう扱い、どう改良していくかという、その方法こそが最優先の事項となるからである。そのため、心・心所の系だけが特別扱いされて「心・心所で互いに支え合おう」因（相応因）という別名で呼ばれるのである。しかし実質は、普通の「互いに支え合おう」因と全く同じであって、その一部として考えればよい。

念のために言っておくが、これは直前に説明した、「互いに支え合おう」因果則の中で実例として挙げた、「心と、その心に従って起こる諸法」の系とよく似ているが別ものである。「心と、その心に従って起こる諸法」には心・心所だけでなく、そこに付随する有為の四相も含まれていた。しかし有為の四相は、「煩悩系心所を遮断する」という仏道修行のプロセスとはなんの関係もない、ただの自然現象である。有為法が未来から現在、過去へと流れる様を説明するための定則であり、煩悩があろうがなかろうが、ともかく有為法が現れるところには必ず付随する「コマ送り」のエネルギーである。したがってそれを特に重視する理由などない。「心・心所で互いに支え合おう」因果則は、あくまで心と心所の結合体だけに視点を絞ったものであって、有為の四相は含まれないのである。

④「仲間よ後に続け」因

有為法が未来から現在へ、現在から過去へと変移する際に、その有為法は、「未来に存在している法の中から、自分とよく似た法」を引っ張ってこようとする傾向を持っている。自分のあとに、自分と同類の法を引っ張ってこようとする力である。その場合、引っ張る方の「自分」を因、引っ張られて後からやってくる方を果と考えることができるので、それは一種の因果則である。これを「仲間よ後に続け」因と「仲間よ後に続け」果（＝等流果《とうるか》）という。

この因果則の適用範囲は有為法全体である。生き物だけの話ではない。生物、無生物にかかわらず、あらゆる有為法に、この因果則はあてはまる。ある有為法が現在に現れてなんらかの作用を行うと、それはおのずから、あとに自分と似た法を引っ張ってこようとする一種の継続力を生む。したがってもし特別な事情がなければ、その法の直後には、それと同類の法が現れることになる。このプロセスが連続すれば、「同じ法がずっと連続して現れ続けている」という状況になる。しかし実際には、そうはいかない特別な事情が山のようにあるので、連続しない場合も多い。別の因果則の影響により、連続性が断たれてしまう場合もあるからである。だがそれでも、「仲間よ後に続け」因の力は消えない。刹那の連続性が断たれても、時を隔てた将来、いつかその力は同類の法を引っ張ってくる。つまり「仲間よ後に続け」因は、場合によっては、直後の刹那に同類の法を引っ張ってくることもあるし、ずっとあとになってから同類の法を引っ張ってくることもある。いずれにしろ有為法には、「自分のあとに同類の法を引っ張ってこようとする傾向」が本来的に備わっているのである。

たとえば机の上に花瓶が置いてあるとする。それは色法でできている。細かく言えば色、香、味、触の各法で構成されている（音がしない場合）。もっと細かく言えば、地・水・火・風の極微と所造色の極微がつくるおみこしユニットの複合体である。もし世界がシーンと静まっていて何一つ変化が生じなければ、花瓶を構成するあらゆる法は「仲間よ後に続け」因果則によって、前の刹那と全く同じ法を引っ張ってくるので、前の刹那と全く同じ花瓶が現れることになる。その次の刹那も、その次の次の刹那も同じことになるから、そこには全く同じ花瓶が、花瓶↓花瓶↓花瓶という連続性で一分の狂いもなくコピーされていくことになる。花瓶は何百年、何千年置いておこうが、全く変わらないはずである。

しかしそんなことにはならない。花瓶を一〇〇〇年置いておけば、必ず古びてくる。時の流れの中で、元の花瓶とは違った物に変化していくのである。それはなぜか。「仲間よ後に続け」因果則だけが十全に機能していて、ほかの因果則が作用していないなら、刹那ごとに全く同じ法が連続して現れるから、その複合体である花瓶も全く変化しないはずである。しかし実際にはこの世界は、「仲間よ後に続け」因果則以外にも種々の因果則によって転変しているので、宇宙は全体として常に変容し、姿を変える。そのために、花瓶を構成する無数の法もまた、時の流れの中で、今まであったものが次の刹那には現れなかったり、今までなかった法が現れたり、種々に変容していく。その刹那ごとの変化は普通、非常に微細なものなので、私たち人間の眼では認識できない。だから私たちは「同じ花瓶がずっとそこにある」と錯覚する。しかし実際には、「仲間よ後に続け」因果則の微細なブレはどの刹那にも必ず生じており、その変移は刹那ごとに少しずつ積み重なっている。つまり花瓶は、人の感覚では把握できないほどのゆっくりしたペースで、しかし刹那ごとに着実に変化し続けているということである。その微細な変化を一〇〇〇年ぶん積み重ねてみれば、もとの花瓶とはすっかり様変わりした「一〇〇〇年ぶん古くなった花瓶」がそこに現れる。実にこれこそが、マクロな意味での「諸行無常」という原理の本質である。複雑な因果則の網で関係づけられた諸法が、「仲間よ後に続け」因果則によって基本的には現状を維持しながらも、全宇宙的な揺らぎの中で不断に転変していく、その様子を語っているのである。

花瓶は無機物の例だが、言うまでもなく、同じような変移は「私」という複合体にも起こっている。肉体を構成する色法と、心・心所のタコと、それらすべてに付随する種々の心不相応行法の集合体が「私」だが、それは花瓶と同様、刹那ごとに変容し、留まることがない。「仲間よ後に続け」因果則のおかげで、ある程度の自己同一性は保持できるが、それでも刹那ごとに私は別の状態に変わっていく。「昨日の私と今日の私は同じだ」というのは、錯覚である。「我」を持たない、単なる要素の集合体にすぎない私は、刻一刻と別ものに変わっている。諸行無常の世で永遠に輪廻を繰り返す私は、一時たりとも同じ姿で留まることができない。それを苦しみととらえ、その苦しみを断ち切るために無為法である涅槃を目指す。それが仏教という宗教が説く道である。

「仲間よ後に続け」因の特性を挙げておこう。「仲間よ後に続け」因と「仲間よ後に続け」果の前後関係は、未来の法には設定されない。未来に存在している無数の有為法のどれか一つを取り上げて、それが別のどの法の「仲間よ後に続け」因として作用するの

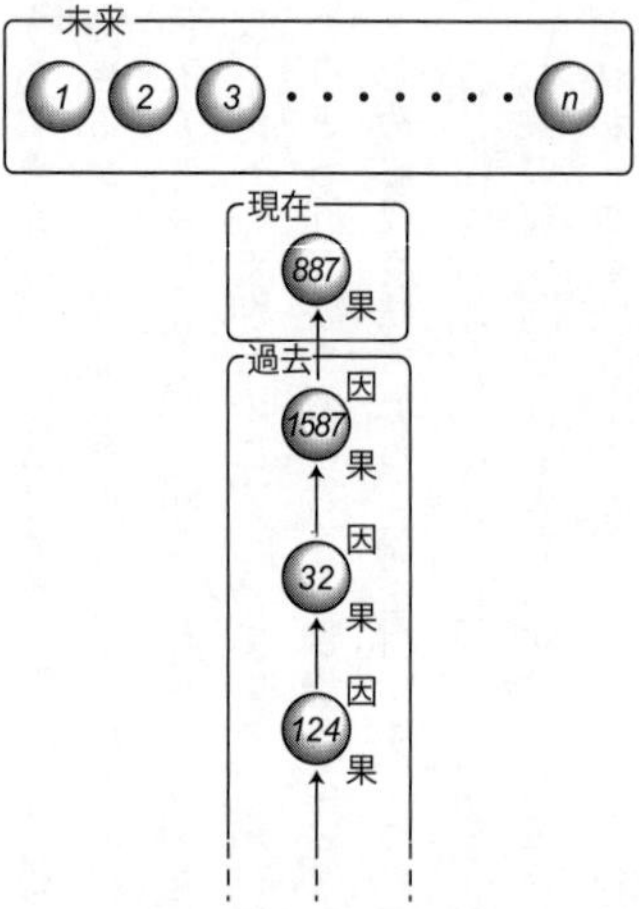

図５－５　仲間よ後に続け

か、あるいは別の法の「仲間よ後に続け」果になるのか、といった関係性は決められないからである。

たとえば未来の領域に、何百何千もの同じ色、同じかたちのガラス玉が存在しているとしよう。それには1から順に番号がついている。１番のガラス玉、2番のガラス玉、といった具合である。そしてそのうちのどれか一つが未来から現在へと移動してきて、そこで「仲間よ後に続け」因として作用したとする。すると、その作用を受けて、未来にある何千ものガラス玉の中のどれか一つ、たまたま引っ張られる条件に一番あてはまる別のガラス玉が「仲間よ後に続け」果として現在に現れる。このようなプロセスを繰り返すことで、未来にあるガラス玉は一つずつ現在に現れてくる。いったん現れてしまえば、出現の順番は一義的に決まる。たとえば１２４番↓３２番↓１５８７番↓８８７番といった具合である。そうすると、１２４番は３２番の「仲間よ後に続け」因であり、その３２番は１５８７番の「仲間よ後に続け」因だ、というように、どの玉がどの玉の「仲間よ後に続け」因になるか、という相互関係も決定する（図5－5）。したがって、「現在」と「過去」に関しては、「仲間よ後に続け」因果則の前後関係は厳密に決まっているのである。しかし、未来にあるガラス玉を見た場合は、どの玉がどの玉の「仲間よ後に続け」因になるか、その関係は決まっていない。未来にある411番の玉と2003番の玉を取り上げて、どちらが先に現在に現れるかを言い当てることはできないということである。それは複雑にからみあった因果関係の中で、その場になって決定されるものなのである。したがって、未来にある有為法に関しては、「仲間よ後に続け」因果則は適用されない。現在と過去の有為法だけが関係するのである。

「仲間よ後に続け」因果則は非常に一般的な定則であるが、そのためか解釈の幅がとても広い。つまり『倶舎論』の中でも、いろいろ違った解釈の仕方がある、ということである。たとえば「仲間よ後に続け」因果則は「ある単一の相続、たとえば一人の個人とか、一本の木といった、連続する一個体の領域だけで適用される」という解釈もあるし、「相続に関係なく、その法に続いて現れるすべての同類の有為法との間に成り立つ」とする解釈もある。こういった点については統一見解に達していなかったようである。いずれにしろ「有為法には、自分と同類の有為法を引っ張ってこようとする傾向がある」という理解は、この世が諸行無常でありながら、それをなぜ私たちは不変で常住なものとして錯覚してしまうのか、という基本的な疑問への答を与えてくれるのである。

⑤「煩悩仲間よ後に続け」因

これは名前からわかるとおり、「仲間よ後に続け」因の中の一種である。煩悩という語が頭についていることからわかるとおり、煩悩系心所の中で成り立つ「仲間よ後に続け」因果則だけを特別に取り上げて言うのである。その理由は言うまでもなく、煩悩が仏道修行にとってなによりも重大な要素だからである。

私たちは普通に暮らしている限り、いつでも煩悩を起こしながら生きている。特別な方法を用いない限り、それを断ち切ることはできない。その特別な方法というのが、シャカムニが自力で見つけ出した修行の道、つまり仏教である。おそらくシャカムニ自身は、その道を体系化して説くことはなかった。その時々、相手の状況に合わせて個別に指導したため、教えの内容はきわめて実際的、断片的なものであったに違いない。それを後の時代の修行者たちがきれいにまとめ上げて、誰にでも利用できる一般則として体系化した。それがアビダルマであり、『倶舎論』はそのアビダルマの代表的作品である。したがってその中には、仏道修行の中心テーマである「煩悩をどうやって断ち切るか」という問題がきわめて詳細に語られている。当然ながら、その断ち切るべき煩悩というものにはどういう種類のものがいくつくらいあって、それはどういう状態で存在しているのか、といった「煩悩の分類」も語られている。

その基本は言うまでもなく煩悩系の心所である。「大煩悩地法」「大不善地法」といった数多くの煩悩が心所として現れることはすでに言った。あるいは「大地法」の中の「慧」のように、状況に応じて煩悩として作用したり、逆に悟りへと向かう原動力として作用したりする両面性の心所もあった（30ページの表1‐1を参照）。

「煩悩とはなにか」と訊かれたら、「これらの心所が煩悩である」と言えば、それで話は済むのだが、実際問題としては、修行者の立場に立った一層緻密な分類が必要となる。単に「煩悩にはこれこれこういった種類があります」という言い方ではなく、「修行を続けていく中で、この段階に達するにはこれこれの煩悩を断ち切る必要があり、その次の段階に進むにはさらにこれこれの煩悩を消し去らねばならない」といった具合に、修行の道筋に沿ったかたちでの煩悩の分類が重要になってくるのである。たとえば「傲《ごう》慢《まん》」という心所を取り上げてみると、それは様々な状態の心に付随して現れる。欲界の、散漫な心（散心）の生き物にも現れるし、色界や無色界の、精神集中状態にいる天にも起こってくる。それはみな、断ち切らねばならない煩悩だが、欲界の「傲慢」と色界の「傲慢」と無色界の「傲慢」では質が違うので、一挙に消し去ることはできない。欲界、色界、無色界と順を追って、一歩一歩先に進んでいくしか方法がない。したがって、同じ「傲慢」という煩悩にも三段階の違ったものがある、という分類が必要になる。さらに、その三段階の「傲慢」も、それをどういった方法で消すかという、具体的な消去方法の違いによって一層細分化され十数段階にまで分けられていく。

こういった修行者の立場に立った煩悩の分析が極限まで進められた結果、『倶舎論』では非常に込み入った煩悩の分類体系が作成され、それだけで一つの章になっている。しかし本書の目的はあくまで『倶舎論』が語る世界観を紹介するところにあるので、その世界の中で修行者がどうやって煩悩を消していくのか、という修行方法の解説には触れない。それはまた別の「仏教書」として出版したいと思っている。ただ、今説明している「煩悩仲間よ後に続け」因は、その煩悩の体系と密接に関わっているので、必要上、若干そこに足を踏み入れている。

このような複雑な煩悩の体系の中に、遍行随眠《へんぎょうずいみん》と呼ばれる特定の領域が設定されている。「特に力の強い煩悩の集団」である。具体的に名を挙げれば、癡《ち》、疑《ぎ》、有身見《うしんけん》、辺《へん》執見《じっけん》、邪見《じゃけん》、見取見《けんしゅけん》、戒禁取見《かいごんしゅけん》。ある特定の状態にあるこれら七種の煩悩は、煩悩の中でも特に力が強いので、「仲間よ後に続け」因として作用する場合、自分と同じ法だけでなく、ほかのあらゆる煩悩を引っ張ってくる力がある。たとえば癡は、自分と同じ癡という煩悩を引っ張ってくるのは当然ながら、ほかの煩悩もどんどん引っ張ってくる力があるということである。このような、幅広く煩悩を引っ張ってくる力のある遍行随眠の「仲間よ後に続け」因としての作用を、特別に「煩悩仲間よ後に続け」因果則として設定するのである。しかし内実は、「仲間よ後に続け」因果則の一種にすぎない。

ここで一つ注意すべき点は、「煩悩仲間よ後に続け」因になるのは遍行随眠の心所だけではなく、その遍行随眠と一緒に現れている心・心所法もすべて、そしてさらには、それに付随する有為の四相もすべて含めて「煩悩仲間よ後に続け」因と考えられている点である。遍行随眠という強力な煩悩が現れていると、それを含む心・心所全体が、あらゆる煩悩を引き起こす原動力として作用してしまう、と考えられていたのである。

⑥「後になって業の果を引き起こす」因

これは言うまでもなく、業の因果則である。仏教で最も重大な、そして最も厭うべき因果則、その大枠はすでに述べたのでここでは繰り返さない。要は、倫理的善悪観に基づく因果則であり、その原則は「善い行為は楽を引っ張ってくるし、悪い行為は苦を引っ張ってくる」という点にある。この因果則においては、「原因と結果は必ず時間的に乖離《かいり》しており、原因の直後に結果が現れることはない」し、「原因と結果の間に類似性はない」。つまり、善いことをすると、後になってから、その善い行ないとは何の関係もないような別のかたち（無記）で楽の結果が現れてくる、ということである。『俱舎論』ではこの業の因果関係を、一章丸ごと使って延々と解説していくが、議論が細かくなりすぎるので本書では触れない。ただ、この世を動かしている六因・五果の一要素として、業の因果則が重要な働きを担っている、という点だけ理解していただきたい。

終章

分類によって変わる世界の見方——五蘊、十二処、十八界

世界は七十五種類の法で成り立っている。その中身を紹介してきた。無為法があり、色法、心法、心所法があって最後が心不相応行法である。五つに分かれているので、これを「五位七十五法《ごいしちじゅうごほう》」と呼ぶ。「五つの範疇に分類された七十五種類の法」という意味である。これでこの世の存在は網羅されているのだから説明は終了だが、もう少し話を続けたい。五位七十五法以外に、別の分類もある、という話である。

色法を「認識する色法」と「認識される色法」で線引きすると、自然科学的分類とはまた違った、面白い世界が現れることはすでに第一章で言った。「眼と、その対象であるいろ・かたち」といった分け方である。分類という作業は、私たちの世界観を様々に変化させる素晴らしい力を持っている。同じ七十五法でも、どこで線を引くかによって、そこに現れる情景は全く異なってくるのである。この終章では、そういった、「五位七十五法」以外の分類を三つ紹介する。有名な『般若心経《はんにゃしんぎょう》』などにも現れる伝統的な分類法で、五蘊《ごうん》、十二処《じゅうにしょ》、十八界《じゅうはちかい》と言う。「五位七十五法」とはまた違った世界の見方が見えてくる。

生き物の分類——五蘊

これは七十五法のすべてを分類するものではない。そのうちの有為法だけを五種に分けるのである。つまり七十二法の分類である（表1）。

表1　五蘊の一覧

色	眼、耳、鼻、舌、身 色、声、香、味、触 無表色
受	受
想	想
行	思、触、欲、慧、念、作意、勝解、三摩地 信、勤、捨、慚、愧、無貪、無瞋、不害、軽安、不放逸 無明、放逸、懈怠、不信、惛沈、掉挙 無慚、無愧 忿、覆、慳、嫉、悩、害、恨、諂、誑、憍 悪作、眠、尋、伺、貪、瞋、慢、疑 得、非得、衆同分、無想果、無想定、滅尽定、命根、生、住、異、滅、名身、句身、文身
識	心

1. 色
2. 受
3. 想
4. 行
5. 識

1の色は、物質全体という、広い意味での色法。「認識する色法」と「認識される側の色法」の両方を含む。具体的に言うと眼、耳、鼻、舌、身の五根と、色（狭い意味でのいろ・かたち）、声、香、味、触の五境、それに無表色という特殊な色法の十一種である（無表色の説明は省略）。2の受は、心所法の中、「大地法」に含まれていた、あの受である。3の想も、大地法の一つ。受と想とは、それぞれが一つの心所であるから、単独の一法である。4の行はちょっととばして、5の識にいくと、心=意=識であるから、これは中央のタコの頭本体を指す。当然ながらこれで一つの単独な法である。そうすると、色が十一種で、受と想と識で三種。合計しても十四にしかならない。有為法は全部で七十二あるから、まだ五十八法残っている。その五十八すべてを含むのが4の「行」である。うちわけを言うと、心所法の中の「受と想を除いた残りすべて」と心不相応行法のすべてである。

なぜこのようにアンバランスな分類になったのかというと、五蘊という分類と五位七十五法という分類が、全く別個に考案されたからである。五蘊は本来、一個の生き物を表すための表示方法であった。「肉体と心的作用の統合体として、生き物のあり方を示す」のが本来の目的だったのである。したがって、1の色にしても、それは決して全宇宙的物質世界を意味していたのではなく、ある生き物の「肉体部分」を指していたにすぎない。そしてその肉体の内部で、感受作用（受）、構想作用（想）、意思作用（行）、認識作用（識）が作用すると考えた。五つの要素は同じ重み付けで列挙されていたのである。

しかし別の流れで五位七十五法という分類が現れた。その中には色、受、想、識という、五蘊分類法と同じ名称が用いられたため、「五位分類の色は五蘊分類の色と同じ」「五位分類の受は五蘊分類の受と同じ」という具合に対応関係が否応なく設定された。

その結果、七十五法の中に名前のない「行」に残り全部が押し込められることとなり、このような偏った対応が生じたのである。したがって五蘊の本質を考える場合は、七十五法との対応関係を離れて、本来の「生き物の分析」という立場で見た方が見通しがよくなる。「全宇宙を分類しよう」と考える五位七十五法よりも、「私たち生き物はどういった要素でできているのか」という問題をメインとする五蘊分類の方が、仏教本来の目的に沿った考え方であるとも言える。

ある刹那の世界全体の分類――十二処

これは五位七十五法型分類と同じく、無為法も含めた、この世のすべての存在を分類しようとするものである（表2）。したがって十二の分類項目に七十五法のすべてが含まれる。分類の基準は、「認識するもの」と「認識されるもの」の違いである。眼、耳、鼻、舌、身の五根に、さらに内的な認識器官である意を加えて六根。これが「認識する側」である。そのそれぞれの対象領域は、色、声、香、味、触の五境と、そして意根の認識領域である法を加えた六境。こちらが「認識される側」である。第一章で物質世界について語った際、眼、耳、鼻、舌、身の五根と、色、声、香、味、触の五境についてては説明した。その「認識する側」「認識される側」という区分けを、物質世界だけでなく、心的作用の領域にまで延長して考えるのが十二処である。延長はほんの一歩でよい。認

表2　十二処

認識する側	認識される側	
眼	色	
耳	声	
鼻	香	
舌	味	
身	触	
意（心）	法	虚空、択滅、非択滅 無表色 受、想、思、触、欲、慧、念、作意、勝解、三摩地 信、勤、捨、慚、愧、無貪、無瞋、不害、軽安、不放逸 無明、放逸、懈怠、不信、惛沈、掉挙 無慚、無愧 忿、覆、慳、嫉、悩、害、恨、諂、誑、憍 悪作、眠、尋、伺、貪、瞋、慢、疑 得、非得、衆同分、無想果、無想定、滅尽定、命根、生、住、異、滅、名身、句身、文身

識する側として、五根にもう一つ、意を足す。認識器官として作用している心である。そして、その意根の認識領域として法という領域を想定するのである。ここでいう法は「すべての存在要素」という広い意味での法とは別である。五位七十五法の法ではない。その一部として、意という認識器官の対象領域を指す、より狭い意味での術語である。

法という境は、「意根によって認識され得る対象領域」であるから、簡単に言えば「心で思い浮かべることのできるすべてのもの」ということになる。五根と五境と意根（心）はもう項目立てしているので、それは除外する。したがって法境には、それ以外のものがすべて含まれることになる。すなわちすべての心所と心不相応行法と、そして（ここが重要だが）三無為である。無為法はほかの法と相互作用することがないので、決して認識されないはずである。しかしそれでも私たちはそれを心に思い浮かべることはできる。明確ではないにしろ、それを思い浮かべることができるし、もっと厳密に言えば、その無為法の得（離繫得）を想定することもできる。こういった理由から、「私たちは心、すなわち意根を認識器官として無為法を認識することができる」と考えるのである。したがって法の中には無為法も含まれる。すべての心所法と心不相応行法と無為法、それが法の中身である。実際にはここにさらに、奇妙な物質要素である無表色というものが含まれるが、それは『俱舎論』の特殊な議論に関わるものなので省略する。

こうして十二処は、五蘊と違って七十五法のすべてを含む分類法になる。無為が含まれる以上、それは、時間を越えて全世界を見渡した場合の分類表ということになるのである。

現在・過去・未来の全世界の分類――十八界

最後に十八界を説明しよう。これは十二処を土台としてつくられた分類である。十二処ではすべての存在を「認識する側」六種と「認識される側」六種に区分したが、そこから今度は、「認識する側」と「認識される側」が相互作用することで生まれる「認識」そのものを別立てして六つ、外に出すことで十八項目にした、それが十八界である（表3）。

これは一見、奇妙な話に思える。この世のすべての法を十二に分類したのが十二処なのだから、そこにはおよそこの世に存在し得るすべての法が包含されているはずである。それなのに、その十二処とは別に六種の「認識」を立てると言っている。ではその六種の「認識」というのは十二処の中には含まれていないということか。しかしそうなると、十二処はこの世のすべてを包含する分類ではない、ということになって矛盾するではないか。この疑問に対する答は以下のとおり。

新たに項目立てした六種の「認識」とは、眼識、耳識、鼻識、舌識、身識、意識である。こうやって名前を並べてみると、もうおわかりだろう。すでに第二章で述べたとおり、この六種の識とは、一刹那前の心が認識器官（意根）として作用し、その結果生じてくる認識である。つまり、心という同じ一つの法が認識器官として作用し、かつ、その結果として生じてくる認識そのものにもなるという、あのメカニズムである。十二処の場合は、その二種類の機能を一つにまとめて「意」と呼んでいたのだが、それをまとめずに別立てすれば、認識器官としての心と、認識そのものとしての心に分かれる。認

表3　十八界

認識する側	認識そのものの心	認識される側	
眼	眼識	色	
耳	耳識	声	
鼻	鼻識	香	
舌	舌識	味	
身	身識	触	
意（心）	意識	法	虚空、択滅、非択滅 無表色 受、想、思、触、欲、慧、念、作意、勝解、三摩地 信、勤、捨、慚、愧、無貪、無瞋、不害、軽安、不放逸 無明、放逸、懈怠、不信、惛沈、掉挙 無慚、無愧 忿、覆、慳、嫉、悩、害、恨、諂、誑、憍 悪作、眠、尋、伺、貪、瞋、慢、疑 得、非得、衆同分、無想果、無想定、滅尽定、命根、生、住、異、滅、名身、句身、文身

識器官としての心は、眼、耳、鼻、舌、身と並ぶ意と呼ばれる根である。これはすでに十二処のメンバーとして組み込まれていた。これに対して、認識そのものとしての心を別立てし、外に出す。それが新たに付け加えられた眼識、耳識、鼻識、舌識、身識、意識の六識である。

すなわち、十二処では「意」という項目にすべてがまとめられていた心の機能から、「認識」だけを別ものとして外に引っ張り出して並べて広げたのが六識であり、そのぶん項目が増えて十八界になった、というわけである。

こう考えれば、十二処と十八界はもともと同じ構造の分類方法だとわかる。したがって両者にはなんの違いもない。全く同じものである。と、こう考えがちだが、実はそうでもない。分類というのは本当に不思議なもので、同じものを同じ見方で分類しても、その切り口を少し変えるだけで現れ方が大きく違ってくることがある。十二処と十八界にもそういった特性が表れているのである。

では十二処と十八界のどこに大きな違いがあるのか。それは同時存在性の違いである。十二処の場合、そこには六種の認識器官と、六種の対象領域が並んでいる。これはたとえば、私という人間がある一刹那にどれだけの認識器官を持っており、そしてその認識器官の対象としてどれだけの領域が存在しているか、というその全体像を表していると見ることができる。つまり、ある刹那の私と私の周辺世界を総まとめにして表示しているのが十二処だ、ということになるのである。

ところが十八界になると話が違ってくる。新たに外へ出した六種の認識を見るとわかるが、そこにある眼識、耳識といった六種の認識は、決して私という一人の人間の内部で同時に起こってくることがない。タコの頭の六色電球であるから、ある刹那には六色のうちのどれか一色にしか光らない。眼識と耳識が同時に起こるなどということは絶対にない。一刹那の私には、六識のうちのどれか一つだけが起こっているのである。したがって十八界の分類は、「ある一刹那の私と私の周辺世界を切り取って表示したもの」ではない。十八界は、「時間の隔てを無視して、過去、現在、未来にわたる、私とその周辺世界を見渡した場合の全構成要素の表示」ということになる。十二処と十八界では、表示の時間単位が異なっているのである。

簡単にではあるが、五蘊、十二処、十八界という基本的な分類方法の内容を説明した。五位七十五法とならんで用いられる重要な分類方法なので、覚えておくと、ほかの仏教文献を読む場合にも大いに助けとなるであろう。

*

以上、『倶舎論』を資料として、アビダルマ仏教哲学が考えている世界の有り様を説明してきた。現代的な科学的世界観から見れば、奇妙不合理な部分が数多く目につくし、宗教的教義に引き寄せた強引な解釈も多い。しかしその一方で、超越者や奇跡などの超常的要素を一切考慮せずに、法則性だけで物質・精神のすべてを含み込む全宇宙を一括して説明しようという壮大な試みが、ある程度成功しているという点には感服する。科学的思考を、数学言語を用いずに表現したらこうなる、という好例ではないかと思う。これでまだ、『倶舎論』の約半分である。残りの修行に関わる部分は次の機会に譲りたいと思っているが、ともかく、本書を読まれた読者に、幾分かでも仏教という宗教が持つ、知的側面の面白さを感じ取っていただけたなら幸いである。

附論　仏教における精神と物質をめぐる誤解——山部能宜氏に対して

山部能宜《やまべのぶよし》氏という仏教学の研究者がおられる。この人が最近、私の書いたものに対して面白い意見を述べておられるので紹介しておきたい。†西洋的な概念でいう「物質」「精神」の二分割と、『倶舎論』に現れる仏教的概念区分の違いを理解することが、どれほど重要な基本作業かを如実に示す実例である。

†山部さんの論文が掲載されているのは次の本である。桂紹隆・斎藤明・下田正弘・末木文美士編集『シリーズ大乗仏教7　唯識と瑜伽行』春秋社（二〇一二年）、一八一〜二一九頁。

山部さんの論文の主題は、大乗仏教の一部の領域で盛んに主張されるようになった「アーラヤ識」と呼ばれる特殊な心的要素が、どういった経過を経て導入されたのか、という問題を研究史として振り返るものだが、それは今、関係がない。ただ、その論文の後ろの部分に、「精神」と「物質」の関係について独自の見解が披瀝されていて、それが貴重なのである。

私は様々な場所で、科学と仏教の共通性と、そして両者の相違点について指摘してきたが、その論理的な基盤はすべて『犀の角たち』という本の中で明らかにした（この本の由来と内容については、本書の「あとがき」をお読みいただきたい）。その中で私は、主張の要点を次のようにまとめて書いた。

超越者の存在を認めず、法則性だけで世界を理解しようとする仏教の立場は、現代の科学的世界観と共通するものがある。しかしその一方で、仏教と科学には決定的な違いもある。科学は、世界を物質と精神に二分したうちの物質だけを考察対象とし、その物質世界を司る基本法則の発見を使命とするものであるが、仏教の方は、物質世界にはほとんど興味を持たない。仏教の目的が、現実世界に生きることを苦しみと感じ、その状態からの脱出を願っている者たちに正しい道を指し示すことである以上、その考察領域は我々の精神に限定される。

世界を物質と精神に分割して考えた場合、自然科学はそのうちの物質を考察対象とし、他方仏教は、物質よりも精神を考察の主眼に置いてきた、という見解である。実はこの続きとして、現代の脳科学の発展がそういった科学と仏教の溝を埋めて、両者を融合する新たな世界観を生み出すのではないか、という議論になっていくのだが、それは今は置いておこう。山部さんが問題視するのは上の引用部分だけである。この見解に対して山部さんは次のように言う。

上来述べてきた筆者の理解が、この（佐々木氏の）見解と大きく異なるものであることは明白であろう。筆者は、身体面への十分な考慮なしに仏教（少なくとも禅定に直接関係する部分）を理解することは、到底できないものと考えている。

ここで山部さんが言っているのは次のような理屈である。「仏教を理解するためには、単に心理的な側面だけを見ていてはいけない。仏教とは、実際に身体を使って禅定すなわち瞑想修行をする修行者が主役となってつくられたものなのだから、身体的、生理的な側面を含めて考えねばならない。それなのに佐々木氏は、仏教は物質よりも精神を考察の主眼に置いてきたと言っている。仏教だって物質を重視しているではないか。だから佐々木氏の言っていることはおかしいのではないか」。

この本をここまで読んできた読者の方なら、山部さんのこの主張のどこに間違いがあるか、すぐにおわかりであろう。山部さんは「物質」と「精神」という言葉を西洋的な概念で理解し、外界の無機的な物質世界も、私たちの肉体も、そしてその肉体上にある認識器官（根）もすべてまとめて「物質」だと考えている。そしてそれらとは別個に、あたかもキリスト教の魂のようなものとして、別体の「精神」というものが存在していると想定しているのである。仏教の修行者は瞑想する中でその肉体上の認識器官をコントロールし、それによって心の状態を変えていこうとするから、認識器官と心の両方を重視する。だから仏教は物質と精神の両方を等しく重視する宗教であって、精神だけに特化した宗教ではない、と言っているのである。

すでに何度も言っているように、仏教はキリスト教やイスラム教のように、肉体と魂を別個の独立存在としては考えない。外界の無機的物質世界は、根という認識器官を通して心・心所と直結しており、その三者が一緒になって作用するところに私たちの「精神の働き」というものが現れてくる。したがって、心・心所だけを指して「精神」と呼ぶことなどできない。少なくとも心・心所と根の両方が「精神」であり、さらに言うなら、心・心所と根と、そしてその根の対象になっている色法の三者が「精神」を形成しているとさえ言い得る。したがって仏教修行者が自己の身体的認識器官を制御し、それによって心・心所の状態を変移させていくという、その活動そのものが、まるごと「精神」の活動なのである。そしてそれに対して、心・心所や根とは全く無関係に、外部に無機的に存在している色法の世界、それが科学の考察対象としての「物質」なのである。西洋的概念でこの世を物質と精神に二分割した場合、私たちの肉体上にある認識器官は、素材としては物質（色法）だが、機能としては間違いなく精神の一部である。西洋でいう精神とは、仏教でいうところの「心・心所と根を合わせた全体」に相当するということは、アビダルマを学ぶ際の基本中の基本である。この構造がわかれば、修行者が瞑想修行する際の身体的、生理的側面は「精神」の領域に入るということが理解できる。山部さんは西洋的な二元論で見るから、それを「精神ではなく物質だ」と思ってしまうのである。仏教的に正しく見ればそれは、「色法でありながら、心・心所と協同して作用する内的存在」であり、精神の一要素でもある、ということである。

実は山部さんと同じような誤解を、ほかの仏教学者からも時々聞くことがある。仏教の世界観の最も基本的な部分がいまだ十分に理解されていない証拠であろう。名誉のために言っておくが、山部さんは仏教学の世界できわめてすぐれた業績を残している立派な学者である。今回のことは基本的ではあるが些細な思い違いにすぎない。しかし場合によっては、そういった基本的な思い違いが、仏教理解に大きな障害をもたらすこともあり得るので、本書が、そういった事態を回避する一助となることを願っている。

文献案内

†『倶舎論』の原典

『倶舎論』の原典は、サンスクリット語、漢訳、チベット語訳が現存している。これらのうち、一般の読者にとって最も利用しやすい、漢訳『倶舎論』の情報のみ記しておく。

1. 玄奘訳『阿毘達磨倶舎論』（『大正新脩大藏經』第二九巻、一～一五九頁）
2. 眞諦訳『阿毘達磨倶舎釋論』（『大正新脩大藏經』第二九巻、一六一～三一〇頁）

なお、1の玄奘訳『倶舎論』を読み下し文にして、さらに詳細な注をつけた本が二本出版されている。漢文になじみのない方が『倶舎論』の原典に触れてみたいと思われる場合は、この二本のどちらかをお使いになるようお勧めする。

・荻原雲来・木村泰賢訳「國譯阿毗達磨倶舎論」（『國譯大藏經』論部第、一一～一三巻）国民文庫刊行會（一九一一九年） ※一九七五年に第一書房から復刻
・西義雄訳「阿毘達磨倶舎論」（『國譯一切經印度撰述部』毗曇部二五、二六〈上・下〉）

大東出版（一九三五年）　※一九八二年に改版

†『倶舎論』全九章の現代日本語訳

1. 櫻部建『倶舎論の研究─界・根品』法藏館（一九六九年）　※『倶舎論』の包括的な解説と、第一章、第二章のサンスクリット語原典からの訳
2. 山口益・舟橋一哉『倶舎論の原典解明　世間品』法藏館（一九五五年）　※第三章およびそれに対する注釈文の訳。ただしサンスクリット語原典が出版される前の訳なので、チベット語訳を基本資料としている
3. 舟橋一哉『倶舎論の原典解明　業品』法藏館（一九八七年）　※第四章およびそれに対する注釈文の、サンスクリット語原典からの訳
4. 小谷信千代・本庄良文『倶舎論の原典研究─随眠品』大蔵出版（二〇〇七年）　※第五章およびそれに対する注釈文の、サンスクリット語原典からの訳
5. 櫻部建・小谷信千代『倶舎論の原典解明　賢聖品』法藏館（一九九九年）　※第六章およびそれに対する注釈文の、サンスクリット語原典からの訳
6. 櫻部建・小谷信千代・本庄良文『倶舎論の原典研究─智品・定品』大蔵出版（二〇〇四年）　※第七、八章およびそれに対する注釈文の、サンスクリット語原典からの訳

7．櫻部建「破我品の研究」『大谷大學研究年報』12, 21 - 112（一九五九年）　※第九章の訳。ただしサンスクリット語原典が出版される前の訳なので、チベット語訳を基本資料としている

8．村上真完「人格主体論（霊魂論）　倶舎論破我品訳注（1）」『塚本啓祥教授還暦記念論文集　知の邂逅　仏教と科学』佼成出版社（一九九三年）、二七一～二九二頁：村上真完「人格主体論（霊魂論）　倶舎論破我品訳注（2）」『渡邊文麿博士追悼記念論集　原始仏教と大乗仏教（下巻）』永田文昌堂（一九九三年）、九九～一四〇頁。　※第九章のサンスクリット語原典からの訳

解説書としては櫻部建・上山春平『存在の分析〈アビダルマ〉』角川書店（一九六九年）が群を抜いてすぐれている（角川ソフィア文庫として一九九六年に再版）。もし私のこの本を読んで、さらにアビダルマを学びたいと思われた方には、この櫻部・上山本をご推薦申し上げる。また、インド仏教の歴史を概観したいと思われる方には、平川彰『インド仏教史〈上・下〉』（春秋社）をお勧めする。包括的なインド仏教史の解説書として抜群の価値がある。アビダルマに関する説明も明解である。ただし大乗仏教の起源を「仏塔に集まった在家者の集団」と見る見解は今では否定されているので、この点には注意を要する。

〈文庫化にあたっての付記〉

本書が出版された二〇一三年以降も、『倶舎論』の解説書として有用な良書が出ているのでご紹介しておく。青原令知編『倶舎　絶ゆることなき法の流れ』（龍谷大学仏教学叢書4）自照社出版（二〇一五年）。一〇人以上の、アビダルマ研究の先端を行く研究者が、それぞれに別個の角度から『倶舎論』を論じた濃密な解説本である。櫻部・上山『存在の分析〈アビダルマ〉』と併用することで、『倶舎論』の理解は一層深まるであろう。

あとがき

若い時は科学者志望で、京都大学工学部の工業化学科に入学したが、入ったあとではじめて「自分は科学者に向いていないのではないか」という思いが湧いてきた。覚えなければならない化学式は頭に入らず、論文を読んでも細部にまで気がまわらず、実験器具の使い方はへたくそで、精密な測定は失敗ばかり。その代わり頭に浮かぶのは、「科学とは一体なにを目指す世界なのか」「科学と人間の間にはどのような関係があるのか」といった雲をつかむような疑問ばかり。いくら考えてもなんの答えも浮かばない。

実験で失敗して叱られて、部屋に戻れば科学哲学の本を読んだり、風変わりな科学者の生涯を調べたり、そんな分裂した内向きな生活が何年か続いた。誇りを持って自分を主張する場所がどこにもない。一人前の大人として胸を張るための方法がない。「間違った道にきた」という後悔の念に日毎夜毎打ちのめされたが、今更引き返すわけにもいかない。中学時代から「自分の生きる道はこれしかない」などと勢い込んで猛進してきた科学者の道である。つんのめってたたらを踏んで、さてそれで、浮いた足の置き場所がどこにもない。身も心も鬱《うつ》々と灰色に沈み込んで、すっかり投げやりになった時はじめて、「もう一度やり直そう」というあたりまえのアイデアがひらめいた。今思うと恐るべき決断のにぶさ。自分に合わないことがわかっていながら何年も無理をして、ヘトヘトになってはじめて「やめようかな」などと思いつくのである。

ノーベル賞級の化学者がゴロゴロしている恐ろしい工業化学科でキリキリ舞いしながらなんとか卒業にはこぎつけた。さてそれからどうするか。「科学者の卵」という虚名を剝ぎ取られて、私にはなにも身を立てる術がない。実家が寺という、それだけの理由でフラフラと文学部仏教学科の門を叩いた。家が神社だったら神道学に行っていたであろうし、牧師の息子だったらキリスト教学に入っていただろう。その程度の選択である。ところが入ったところは幸か不幸か、文学部きっての俊英揃い。「インド学」の名のもとに仏教学、印度哲学、サンスクリット文学という三学科が寄りあってしのぎを削る学問の牙城であった。やれやれ、せっかくノーベル賞のミラーボールから逃げられたと思ったら、今度は思想哲学の深井戸にまっさかさま。どこに行っても身の置き場がない。とはいえ、そうそう何度も人生のリセットができるわけもなく、あとはそのまま、できる限りの努力と、「ひらめき」という名の危険な一発勝負を頼りにここまでやってきた。

振り返ってみれば、すべては運と二人連れである。自分の力でなにかがどうなったという覚えがない。今言ったように、京大文学部の「インド学」にたまたま転部したのも運。そのおかげで、それまでかけらほどの興味もなかった「お釈迦様（シャカムニ）」という人物の生き方、考え方に触れることができたが、それは私にとって人生最大の驚きであった。というのは、工学部時代、「科学とはなにか」という問題をあれこれ考えていた、その答えが、シャカムニの教えの中に見つかるように思えたからである。インドを学び、仏教を学び、シャカムニという人物のことを学ぶうちに、そこに現れているものの見方、考え方は、自然科学のあり方と同じ基盤に立つものであり、したがって両者を同一線上の人間活動としてとらえることができるのではないか、と思えるようになったのである。

＊

ただそうはいっても、単なる思いつきでは意味がない。論理的な裏打ちのないアイデアは、いくら面白くても空論である。しかしとにもかくにも、いったんは理科系に身を置き、そして仏教学に転じたという、この人生の大きな転換が、ようやくここにきてなにか意味を持ってきたように感じられた。実に不思議な感覚である。小さな苦悩の集積が、そのまま大きな一個の喜びに変わっていくという体験。

米国への留学中、縁もゆかりもなかった花園大学に職を得ることができたのも、ありがたい運のおかげである。たまたま花園大学の教員で、私の専門分野である「戒律」に興味を持っている方がおられ、審査の段階で私の仕事を高く評価してくださった。そのおかげで講師職につくことができた。私の生まれは浄土真宗の寺で、私自身（形式上ではあるが）僧侶の資格も持っている。一方、花園大学はれっきとした禅宗の大学である。禅宗の大学が浄土真宗の僧侶を教員として採用するとは、実に鷹揚なはからいである。「まあ、そういうこともあるわな」と言って採用してくれた花園大学との出会いもまた、私、一生の幸運であった。

思い返せばもう一つ、大きな幸運がある。時は遡るが、高校入学第一日目の話。出席簿の順で私、ササキの前にサイトウという名の男子学生が座っていた。斎藤成也《なるや》君という、非常にユニークな男の子だった。次第に親しくなり、互いの家へ行ったりきたり。彼はその後、東京大学に入って生物学に進んだが、その間も交友は絶えることなく、私が工学部から文学部に転部したあとは、いよいよ親密になった。斎藤君は専門の生物学の範囲をはるかに超えて、歴史、文学、哲学などにきわめて造詣が深く、私が仏教学に転向したことを「正しい選択だ」と心から喜んでくれたのである。米国のテキサス大学に留学した斎藤君は、そこで博士号を取って日本に帰り、東大助手を経て、静岡県・三島にある国立遺伝学研究所で職についた。遺伝進化学の権威となり、今はそこの教授である。私の無二の親友として、変わらぬ付き合いが続いている。こういった、私の生き方と張り合わせでフィットしてくれる親友を持っているということは、実にありがたく、そして励みになる。高校初日にもらった幸運は、今ますますその効力が強まっている感じである。

*

私の転向人生と、その間に出会った三つの幸運について語ってきた。ここからが、この本との因縁である。いささか覚束ない足取りで、それでもえっちらおっちらと仏教学の道を歩み、花園大学に就職してからは様々な仏教研究者との交際も深まって次第に学問が面白くなってきた。仏教という独特の世界を全体的に眺める余裕も出てきた。そんな時、花園大学の後援で、「科学と仏教」に関する公開講演会を主宰しないかという話がきた。二〇〇一年のことである。毎月、様々な分野の第一線で活躍する若手の科学者を呼んできて二人で対論し、研究の内容を紹介してもらうと同時に、仏教との共有点を探っていくという、面白いと言えば面白いが、奇天烈といえば奇天烈な、そんな講演会の計画である。もちろん一も二もなく引き受けた。理科系時代の思いが蘇《よみがえ》り、活力が湧いた。科学の論文や解説書を読みあさり、「よい仕事をしている」と思った人に直接頼み込んできてもらう。対論者の選択から交渉、当日の接待、実際の講演、終わったあとの後始末までやって、実に楽しい仕事だった。

この時、大いに力になってくれたのが斎藤君である。広い人脈の中で良い科学者を紹介してくれたり、私が探してくる科学者に太鼓判を押してくれたり、おかげで講演内容の幅がぐっと広がった。脳科学者、数学者、生理学者、宇宙物理学者など多彩な人々を次々に呼んで、この企画は三年間続けた。自分では気づかなかったが、おそらくその間に、私の内部で「科学とはなにか」という昔からの疑問が次第に明確化し、そして仏教との対比によって、その答が醸成されていったのだと思う。

三年やって企画は終了し、それからは元に戻って本職の仏教学に打ち込んでいたが、いつの間にか頭の中に、「科学と仏教の関係を真っ正面から扱った本を書きたい」という思いが定着し、実際の構想が浮かぶようになった。「科学ってなんだろう」とぼんやり天井を見上げていた工学部時代から実に三〇年が経って、ようやくその答がわかってきたように思ったのである。それで二〇〇六年の一月一日、意を決して書き始めた。「三カ月で書き上げよう」と決めて、三カ月後の三月三十一日に書き上げた。それが『犀の角たち』（大蔵出版）という本である。その中で私は、物理学、進化学、数学、そして仏教という四つの領域を均等に見て、その共通性と行く末を語った。こんなバラバラな項目立ての本を一括して評価してくれる人などいるはずがないと思い、最初から評判は期待しなかった。ただ、私が三〇年抱えていた疑問に自分自身で答を出したというだけの話である。

案の定、仏教関係者の評判は悪かった。「仏教学の人間に科学など語れるはずがない」という先入観は無理もない。せいぜい良いところで「大変刺激的な本でした」という程度の評価であった。しかしそれから、だんだん面白くなってきた。最初に褒めてくださったのは大阪大学教授で脳科学者の藤田一郎さんだった。なんと藤田さんは、私が花園大学で公開講演会を主宰した、その第一番目に呼んだ科学者である。その後、ご縁がなくて交流もとだえていたのだが、私が『犀の角たち』を献本したところ、大変好意的な評価のお便りをいただき、それからは大阪大学の理系の授業に講師で呼んでいただくなど、次第に交流が深まり、今では大切な友人である。

ちょうどそのころ、私は『朝日新聞』に「日々是修行」というコラムを連載していたのだが、それを読んで「一度会いたい」と連絡してこられた方がおられた。素粒子物理学者の戸塚洋二さんである。ニュートリノに質量があることを証明し、ノーベル物理学賞絶対間違いなしと言われながら、癌を患って最期を見据えておられる時期であった。東京での面談の日時を設定し、自己紹介のつもりであらかじめ『犀の角たち』をお送りした。驚いたことに、戸塚さんはそれをちゃんと読んでから会談においでになった。その二時間の会談は、私にとって一生忘れがたい宝物の時間となったが、それにも増してうれしかったのは、戸塚さんが『扉の角たち』を真面目に繰り返して読んで、その評価をご自分のブログに丁寧に書き込んでくださったことである。日本一の物理学者に評価してもらって、これ以上なにも望むものなどない。工学部をやめてから、そっと胸の内に納めておいた「ズタズタの自尊心」が、ゆっくりと元の姿へ治っていく、そんな気持ちだった。

戸塚さんはそれから半年して亡くなった。新聞の死亡記事を読んで、私は泣きながら何度も「ありがとうございました」と頭を下げた。この戸塚さんのブログは、その後、戸塚さんと交流のあった立花隆さんによってきれいにまとめられ、一冊の本として出版された〔『がんと闘った科学者の記録』(文藝春秋)〕。今でも本棚の真ん中、特等席に置いてある。

戸塚さんのお力だろうか、それからは科学関係の様々な方たちから『扉の角たち』が評価してもらえるようになった。東京大学准教授で科学コミュニケーション・科学技術政策を研究しておられる横山広美さんは、『扉の角たち』を『日経サイエンス』の特集「大学1年生に薦めたい本」の中で推薦してくださった。書いた本人をほったらかして、本の方が勝手に出世していくようで、面映ゆい思いである。

『扉の角たち』が次第に人の目に触れるようになっていくその過程で、化学同人から原稿の依頼がきた。化学同人の編集者、津留貴彰さんが『扉の角たち』を読んで、「この続編のような本を書いてほしい。ＤＯＪＩＮ選書の一冊として出版したい」と訪ねてこられたのである。続編と言われても、もうなにも書くことがない。書くべきことはすべて書いてしまった。どうしたものかと迷い、『犀の角たち』の正統な続編とは一体どのような本を意味するのか」という問題を真剣に考え始めた。『犀の角たち』では、物理学や数学といった自然科学の各分野で起こったパラダイムシフトの方向性を検討することにより、理想的な神の視点から人間の限定的な視点へとものの見方が変移していく「人間化」に科学の本質があるということを指摘した。そしてそれが、シャカムニがつくった仏教という宗教の視点と齟齬《そご》なく融合する世界観だということを主張し、そこに科学と仏教の一元化の可能性を見いだしたのである。『犀の角たち』は「科学がどういった点で仏教に結びつくのか」という問題を科学に重点を置いて語った本である。ならば次に書くべきは、仏教に重点を置いて、「仏教のどういったところに科学的思考が現れているか」を語る本でなければならない。ではそれは、一体なにをテーマにした本なのか。科学的思考が現れている仏教の分野とはどこなのか。そこまで考えてきて決心がついた。それはアビダルマである。

大乗仏教が主張する「空」とか「仏性」などといった神秘思想を一切認めず、機械論的因果則だけで全宇宙を説明しようとして、実際、その企てに成功したアビダルマ哲学こそが、仏教の最も科学的な領域である。そのアビダルマの世界観を丸ごと紹介し、それがどういった点で科学的なのかをできるだけわかりやすく解説する。それこそが『犀の角たち』パート2なのだと思い至り、津留さんにもそのように報告した。「なるほど、ではその線でお願いします」「わかりました、頑張ります」と言ってから幾年月、テーマは決まっても筆は進まず、「一般の読者にもわかるよう簡単に書かねば」と思えば一層仕事は難しくなり、「これはもう、『犀の角たち』同様、三〇年経たないと書けないのでは」などと悲観する時期も長かった。

しかし人の能力というのはやはり不思議なもので、できないことでも、「やろう」という気持ちを持ち続けているといつの間にかできるようになる。無理だと思っていた作業も、気がつけば半分を越し、七割、八割とじりじり進んで、とうとうこうして「あとがき」まで書いている。

＊

じっと眼を閉じれば感慨が湧く。中学・高校・大学と科学一辺倒で日を送り、挫折してよろよろになって仏教学にしがみつき、運に拾われて人並みの生活ができるようになり、気がつけばこうして、そのまわり道人生のすべてを糧にした本を書いている。すべてがうまくいく恵まれた人生も素晴らしいが、うまくいかない人生も素敵なものだ。思ったような幸せは手に入らないが、思いもしなかった喜びが降ってくる。この本は、そんな私のあれこれの上にほんわかと乗っかって生まれてきた。例によって仏教関係者には受けが良くないかもしれないが、大事なわが子である。長男の『犀の角たち』同様、出世してもらいたいと願うのは親の情。少しでも多くの人たちに、仏教アビダルマ哲学の楽しくて合理的な世界を理解していただけたなら幸甚である。

挫折と劣等感を抱えながら真剣に生きる、世の多くの人たちにこの本を捧げます。

佐々木　閑

二〇一二年一〇月

文庫版あとがき

化学同人「ＤＯＪＩＮ選書」の一冊として本書が出版されたのは二〇一三年。今から八年前である。随分と苦労して原稿を書き、編集者津留貴彰氏との綿密な共同作業を経てようやく出版にこぎつけた。複雑にして膨大な『倶舎論』のエッセンスを取り出して、仏教の知識がない人にも興味を持ってもらえるようなわかり易さで書くという曲芸のような仕事を、不完全ながらも成し遂げた当時の感慨は今もありありと蘇ってくる。これまで出した本のなかでも、とりわけ思い出深く、愛おしさの強い本のひとつである。

その後の八年間で、この本がどれほど人の役に立ったかはさっぱりわからないが、時々、『仏教は宇宙をどう見たか』を読みました」という人に出会うことはある。地味で内向的な仏教哲学の本であるから、そうやって、読んだ人がこの世に存在すると知るだけでも大変ありがたい気持ちになる。二〇〇〇年も前のインドの僧院で、学僧たちが議論し書き記した思想が、現代日本で背広やワンピースを着た人たちの興味を惹いているというのは、なんともファンタスティックな状況である。

その『仏教は宇宙をどう見たか』を、今度は化学同人の「ＤＯＪＩＮ文庫」として出していただけることになった。文庫本なので外見は小さくなってしまうが、値段が安くなるのがなによりうれしい。まわりの人たちに「文庫で安いから読んでみてください」と勧めやすくなる。できるだけ多くの人たちに、ブッダ本来の教えを知ってもらいたいと願っている、自称「ブッダのスポークスマン」である私としては、この文庫化は実にありがたいお申し出であった。

アビダルマ哲学を学んだからといって、それが直接現代科学に役立つわけではないし、そこからなんらかの人生訓を会得できるわけでもない。しかし大切なのは、「みかけの日常世界の背後には、見えない構造が存在しており、それを解明した時、我々自身の世界観・価値観は転換する」という実感を得ることができるという点である。それを、数学言語なしでも体得することができるという事実を、アビダルマ哲学は実例として我々に示してくれる。自力で自分の世界観を変える、という難事に挑戦した仏教の、その最終成果がアビダルマなのである。だから、実学とは正反対のところにあるアビダルマ哲学ではあるが、自己改造法の古代的モデルとして大きな存在意義を持ってくる。そんな古代人の知恵の成果が、今回の文庫化によって一層広く世に知られることを心から期待している。お世話になった化学同人の担当者各位に御礼申し上げます。

二〇二一年四月十三日

佐々木　閑

【や・ら・わ行】

【な行】

【は行】

【ま行】

【た行】

【さ行】

●索引●

本書は、二〇一三年一月に刊行された『仏教は宇宙をどう見たか——アビダルマ仏教の科学的世界観』（DOJIN選書）を文庫化したものです。

佐々木閑　ささき・しずか
1956年、福井県生まれ。京都大学工学部工業化学科および文学部哲学科仏教学専攻卒業。京都大学大学院文学研究科博士課程満期退学。現在、花園大学文学部仏教学科教授。文学博士。専門は仏教哲学、古代インド仏教学、仏教史。
著書に『インド仏教変移論』、『日々是修行』、『科学するブッダ』、『大乗仏教』、『仏教の誕生』など多数。

DOJIN
BUNKO

仏教《ぶっきょう》は宇宙《うちゅう》をどう見《み》たか
アビダルマ仏教《ぶっきょう》の科学的《かがくてき》世界観《せかいかん》

2021年 7 月 25 日第 1 刷発行
2024年 7 月 10 日第 3 刷発行

著者　佐々木閑
発行者　曽根良介
発行所　株式会社化学同人
600-8074　京都市下京区仏光寺通柳馬場西入ル
電話　075-352-3373(企画販売部)／075-352-3711(編集部)
振替　01010-7-5702
https://www.kagakudojin.co.jp　webmaster@kagakudojin.co.jp

装幀　BAUMDORF・木村由久
印刷・製本　創栄図書印刷株式会社

ISBN978-4-7598-2501-5